Johannes Schlaf

Meister Oelze

Drama in drei Aufzügen

Johannes Schlaf

Meister Oelze

Drama in drei Aufzügen

ISBN/EAN: 9783743371705

Hergestellt in Europa, USA, Kanada, Australien, Japan

Cover: Foto ©ninafisch / pixelio.de

Manufactured and distributed by brebook publishing software (www.brebook.com)

Johannes Schlaf

Meister Oelze

Johannes Schlaf.

Meister Oelze.

Drama in drei Aufzügen.

Berlin.
S. Fischer, Verlag.
1892.

Alle Rechte vorbehalten.

———

Den Bühnen gegenüber Manuscript.

Personen:

Franz Celze, Tischlermeister.
Rese, seine Frau.
Emil, ihr Sohn.
Die alte Frau Celze.
Pauline, Celzes Stiefschwester.
Mariechen, ihre Tochter.
Frau Weidenhammer.
Patschke, der Geselle.

Zeit: Gegenwart. — Die beiden ersten Aufzüge spielen an demselben Abend; der dritte Aufzug spielt einige Tage später.
Ort: Ein mitteldeutscher Marktflecken.

Das ganze Drama in thüringisch-sächsischer Dialektfärbung.

Erster Aufzug.

Ein mittelgroßes, düstres, dunkeltapeziertes Wohnzimmer mit niedriger, getünchter, rauchgebräunter Decke, die von zwei dicken Balken durchquert ist, an denen Kräuter zum Trocknen, ein Vogelbauer, Mützen u. s. w. hängen.

In der Mitte des Hintergrundes steht ein großes Familiensopha. Darüber ein runder Spiegel; um diesen herum gruppiert Photographieen und Silhouetten. Rechts vom Sopha die Kammerthür; links vom Sopha eine Thür, die auf den Hausflur führt. Ueber ihr hängt ein großer Erntekranz aus Roggenstroh mit Blumen, Fähnchen, Schleifen und Bändern aus buntem Papier. Links von der Thür, in der Ecke, der Kasten einer alten Standuhr.

An der linken Seitenwand, zwei niedrige, tiefnischige Fenster mit Zwirngardinen und Blumenstöcken; draußen vor den Fenstern Weinlaub. Am Zwischenpfeiler, auf einem Fenstertritt, ein Tischchen mit allerlei Nähgerät. Vor jedem Fenster ein Rohrstuhl.

An der rechten Seitenwand, in der Mitte, ein großer, grünglacierter Kachelofen mit einer ringsherumlaufenden Ofenbank. Auf dem Ofen Horden, auf denen Obst dörrt. Links vom Ofen, gegen den Hintergrund, ein großer dunkelpolierter Kleiderschrank mit Vasen aus buntem Glas drauf, Büchern und und einem ausgestopften Vogel. Rechts vom Ofen, gegen den Vordergrund, ein großer, altmodisch gepolsterter Sorgenstuhl mit einer gestickten Schlummerrolle. Darüber in vergoldetem Rahmen die Photographie eines alten Mannes.

In der Mitte des Raumes steht ein großer Eßtisch mit Rohrstühlen ringsherum. Der Fußboden ist mit Läufern bedeckt.

Das Zimmer liegt in einem dämmrigen Herbstnachmittags=licht. Von Zeit zu Zeit (während des Gesprächs zwischen Pauline und Mariechen) noch ein flüchtiger Sonnenblick. — In Pausen Windgebrause. — Pfeifen im Schornstein. — Gegen Ende des Aufzugs steigert sich der Wind.

Vor dem Nähtischchen, nach der Thür zu, sitzt Pauline. Sie schläft, zurückgelehnt, die Hände lässig über eine Weißnäherei auf ihrem Schooß weg. Sie ist eine kräftige Frau in der Mitte der Vierziger mit hübschen derben, energischen Gesichts=zügen. Glatt nach beiden Seiten gescheiteltes Haar. Ein ein=faches, kattunenes Hauskleid. — Zu ihren Füßen sitzt Marie=chen auf dem Fenstertritt mit einem Strickstrumpf beschäftigt.

Nach Aufgang des Vorhangs eine Pause. Dann draußen vom Flur her, ein lauter, greller Aufschrei von einer Weiber=stimme.

———

Mariechen (schrickt zusammen). Mutterchen!

Pauline (schläft weiter).

(Eine Weile bleibt es still; dann ein zweiter Schrei, der in ein langgezogenes Heulen verläuft. Die Schreie und das darauf=folgende Heulen während des folgenden Gesprächs in Pausen.)

Mariechen (läßt den Strickstrumpf fallen; klammert sich an Pauline; angstvoll aufweinend). Mutterchen, ach Mutter=chen!!

Pauline (schrickt auf; verschlafen). Hm?! — Na?! (Reibt sich die Augen.) Was . . . Was is . . . hast 'enn?! (Horcht.) Stille mal!!

Mariechen (stammelnd). Die . . . Die alte — Groß=mutter . . .

Pauline (beugt sich gegen die Thür vor, lauscht einen

Augenblick und will dann in die Höhe; haftig). Laß mich mal!
— Ich — will mal . . .

Mariechen (sich dichter gegen sie drängend). Ach nee, Mutterchen, nee!!

Pauline. Dumme Gans! — Der Onkel schläft je hinten in der Kammer!

Mariechen. Ach nee! Nee! — Ich . . .

Pauline. Stille! (Beide lauschen.)

Mariechen. . . . ferchte mich so!

Pauline. Ae! Hab' Dich nich! — Laß mich los! De zerrst een'm je de Kleider vom Leibe! (Steht auf, tritt zur Thür und lauscht einen Augenblick hinaus.)

Mariechen. Geh nich! Geh nich naus, Mutterchen!

Pauline (von der Thür her ärgerlich, nachdrücklich). Stille mal!! — (Horcht. Das Heulen draußen verliert sich.) Das is wohl was, wenn De mal e Dogenblickchen alleene bleibst! — So e altes großes Mächen! — Schäme Dich! — Beißt Dich denn wer?! — Hä?!

Mariechen (beschämt). Nee.

Pauline. Na also! (Sie horcht noch einen Augenblick, seufzt, und geht wieder zu ihrem Stuhl; setzt sich.)

Mariechen (stammelnd). Horch doch, Mutterchen! Se hört je schon widder uf.

Pauline (ihre Arbeit wieder aufnehmend, ärgerlich). Ae! Du sollst nich uf sagen! Kannste denn nich ornblich deitsch sprechen?! Lernt'r denn das nur in der Schule?!

Mariechen. Nee.

Pauline. Na, nu rück mal e bißchen vor! Wer

kann sich je nich riehrn! — Ae, sei vernünft'g! — Nu?! — Herrjeh, De zitterst je orndlich?!

Mariechen. Ich — hawwe mich so — erschrocken.

Pauline (sie streichelnd). Na na na! Mei armer kleener Affe!

Mariechen. Die alte Großmutter wird wohl nich widder gesund, Mutterchen?

Pauline. Nee! Du lieber Gott! (Kleine Pause. Pauline näht.)

Mariechen. Hu! 'S is schon so finster!

Pauline. Ja.

Mariechen. Du! Mutterchen!

Pauline. Na?

Mariechen. Reisen mer nu bald widder nach Hause?

Pauline. Gefällt Dir's denn hier nich mehr?

Mariechen. Ach nee, gar nich.

Pauline. Awwer Du sollst mer hier doch widder rote Backen kriegen, Du?

Mariechen. Ach, zu Hause is es doch besser. Wemmersch auch nich so gut hamm wie die hier. Un wenn ich auch in de Schule muß. Un wenn... wenn Vater auch... manchmal...

Pauline. Ach, bis stille, meine Kleene! (Seufzt.)

Mariechen (schmeichelnd). Mutterchen?

Pauline. Hm? — Schmeichelkatze! — Na ja, na ja!

Mariechen. Die alte Großmutter immer. Das is een'm so schaurig. — Un denn der Onkel, der is auch immer krank. (Leise, wichtig). Du! Mutterchen!

Pauline. Was denn?

Mariechen. Ich kann 'n nich ausstehn.

Pauline (lacht). Mei Klugschnabel! Warum denn?

Mariechen. J, ich weeß nich. — Du! Warum macht e denn immer so e finstres Gesichte? E mag uns wohl gar nich leiden, he?

Pauline (mit ironischem Lachen). J ja, das mag wohl schon sein, daß e uns nich leiden kann.

Mariechen. Warum denn?

Pauline. J, bis stille. Das is nischt fer Dich. — (Nimmt sie zu sich herauf, drückt sie gegen sich.) Loof mer nur hier immer recht hibsch in der scheen', frischen Luft rum un iß ticht'g, daß de mer fer'n Winter recht hibsch gesund un kräft'g bist, Meine! — Heerste? (Küßt sie.)

Mariechen (gedehnt, nachdenklich). Jaaa! — Minna wird awwer doch wohl zu Hause ihre liebe Not hamm mit der Wirtschaft, he?

Pauline (lacht). Du Plappermaul! — Na ja, lange bleib'n mer nu nich mehr hier.

(Pause.)

Mariechen. Horche mal wie de Uhr geht, he?

Pauline (nähend). Ja.

Mariechen. Immer tack — tack — tack. — Ornd= lich zum Ferchten, nich?

Pauline (seufzt).

Mariechen. War die schon so, wie Du hier noch so e kleenes Mächen warst wie ich un wie Dei Vater un Deine Mutter noch lebtn?

Pauline. Ja, mei Mariechen. — So gehn de Zeiten. Lieber Gott. —

Mariechen. Die is wohl schon hundert Jahre alt?

Pauline. I ja, so alt mag se wohl sein.

Mariechen. Mutterchen?

Pauline. Hm?

Mariechen. Du bist je so stille?

Pauline (abwehrend). J!

Mariechen. Heere mal! Morgen frieh nehm' se draußen uf'm — auf'm Felde Kartoffeln aus, hat de Tante gesagt. Emil fährt mit naus auf Weidenhammers ihr'n Wagen. Un denn wollten mer e großes Feier anmachen un uns Kartoffeln braten. Derf ich mit?

Pauline. Ja, wenns Wetter gut is.

Mariechen (sich ängstlich anschmiegend). Hu, horch mal! Da gehts widder los! (Draußen das Schreien. Sie horchen.)

Pauline (selbstvergessen, die Faust gegen die Kammer hin schüttelnd). Na, Du Hund! Du Hund!

Mariechen (erschrocken). Mutterchen?!

Pauline (streichelnd). Biß stille, Meine! Biß stille!

Mariechen (weinerlich). 'S is mer gar so schauerlich!

Pauline. Na na na! M!

Mariechen. Ach, das is so schrecklich, nich?

Pauline (aus ihren Gedanken heraus, ernst). Das is auch eine Strafe Gottes!

Mariechen. Wie?

Pauline. Nischt, Meine! Nischt!

(Kleine Pause.)

Mariechen. Der alte Wind draußen! — 'S donnert orndlich!

Pauline (weint plötzlich auf).

Mariechen. Mutterchen! Mutterchen! — Was hast 'enn?!

Pauline (sie an sich drückend, die Augen gegen ihren Scheitel). Ach Meine, Meine!

Mariechen. Liebes Mutterchen!

Pauline. Ja Ja! Ich bin schon ruh'g! (Küßt sie.)

Mariechen (seufzt tief auf).

Pauline. Wart' mal e bischen. Der Arm wird mir taub. — So. —

Mariechen (schüchtern). Nich wahr? Die hamm's gut. — So viele scheene Sachen hamm' die. — Drieben in der guten Stube das scheene Klavier. — Das is immer so hibsch, wenn Emil drauf spielt. — Ich möchte auch so spielen könn', Mutterchen?

Pauline. Das könntest'e auch, wenn je 's uns nich weggestohlen hätten!

Mariechen. Das Klavier?! — Hamm je 's uns gestohl'n?!

Pauline. Ja, das Klavier, un das Haus, un den Garten, und die Felder un alles, alles!

Mariechen. Wie denn? Gestohln?

Pauline. Ja ja.

Mariechen. Awwer da könn mer je doch bei der Polczei anzeig'n?

Pauline. I ja, wenn mer das könnten? (Sich besinnend). Awwer daß de mer zu keen'm Menschen drinwwer plapperst, heerſte?! Ja nich! — Zu keen'm Menſchen!

Mariechen (erſchrocken). Nee. (Kleine Pauſe.) Mutterchen.

Pauline. Na?

Mariechen. Ach!

Pauline. Meine!

(Draußen rumpelt es über die Gaſſe. Der Poſtillon bläſt: „Goldene Abendſonne." Die Töne verlieren ſich die Gaſſe hinunter.)

Mariechen (am Fenſter). De Poſt!

Pauline. Ja.

Mariechen. Wemmer doch erſcht wibber mitfiehr'n!

Pauline. Warte nur! Nu balde!

Mariechen. De Frau Weidenhammern!

Pauline (gegen das Fenſter). Wo denn?!

Mariechen. Se is ſchon am Fenſter verbei!

(Die Hausklingel. Gleich darauf klopft's.)

Pauline. Herein?!

Frau Weidenhammer (tritt ein, dem Poſthorn nachträllernd, einen Strickſtrumpf ſchwenkend, lacht). Brrr! Herbſt! — Der Wind geht inwer de Stoppeln! — 'N Tag! — Na? Keener weiter da?! — Das is je hibſch, da könn' mer ſo recht hibſch gemietlich mal e Klätſchchen fer uns machen! (Lacht.)

Pauline. 'N Tag Hannchen! — Franz ſchläft drinne!

Fr. Weidenhammer. Ah! — Pſt!

Pauline. Reſe is hinten bei d'r Mutter! — Hier is es mal wibber hibſch!

Fr. Weidenhammer. Ach! — 'S is wohl widder ...

Pauline (bestätigend mit den Händen winkend und damit gleichsam andeutend, wie schlimm es wieder mit der alten Frau steht). Na! — Na! —

Fr. Weidenhammer. Na weeßte, denn will ich mich nur bei Zeiten widder uf de Strümpe machen! (Sich zu Mariechen bückend.) Na Mariechen? — Nu guck doch eener, wie die kleene Spitzmaus sich rausgemacht hat in den Wochen! 'S is wohl hibsch bei der Tante? Was? — Hehe!

Pauline. Setz Dich doch e Weilchen?

Fr. Weidenhammer. Na, denn awwer nich lange! — Was 'ch sagen wollte: mei Mann schickt morgen frieh um sechse den Knecht mit'n Wagen jer de Kartoffeln!

Pauline. Gut gut! (Lächelnd von ihrer Arbeit auf.) Das Posthorn haste gut nachgemacht vorhin!

Fr. Weidenhammer. Nich wahr? (Lacht.)

Pauline. Du bist selber wie so 'ne Abendsonne!

Fr. Weidenhammer. Na Na! — Du! 'S is denn wohl widder sehre schlimm mit der alten Frau?

Pauline. Ach Gott, na! — Schrecklich, schrecklich! — Da?! — Heere doch?! (Draußen wieder für einen Augenblick das Schreien. Es kommt jemand durch den Flur, wie mit Holzpantoffeln, auf die Thür zu geklappert.) Das wird Rese sin!

Rese (in der offnen Thür. Groß, vierschrötig, gesund. Die Kleidärmel in die Höhe gestreift, eine Küchenschürze vor. Stellt ihre Holzpantoffeln draußen neben die Thür, kommt in

Strümpfen herein. Ruft zurück in den Flur). Kramern?! Ihr habt doch wohl noch e Weilchen Zeit?! — Ja?! — Na, denn thut mer nur den Gefalln un bleibt noch e bischen bei'r! (Drückt die Thür hinter sich zu und tritt ins Zimmer.) Franz schläft wohl noch?

Pauline. Ja.

Rese. Guten Tag, Weidenhammern!

Fr. Weidenhammer. Guten Tag!

Rese (läßt sich, erschöpft, schwerfällig auf einen Stuhl sinken; seufzt auf). Der schläft un schläft, der Mann! — In een'm weg! — Das weeß der liebe Gott, was widder mit dem los is! — Ach Gott nee! — Nee... Ich kann — doch werklich — kaum noch — jappsen! — Nee, Pauline! Ich kann Dir werklich sagen: Du hast schon Deine liebe Not bei Dir zu Hause: awwer ich?! — Hach! — Du machst Dir keen' Begriff! — Na, Ihr habt's je wohl widder geheert?

Pauline. Ja.

Rese. Mir zittern un beben doch, wahrhaft'g'n Gott, noch alle Glieder! — Ich muß mich e Weilchen ausruhn! — 'S is nur gut, daß de Kramern oben bei sich e Weilchen abkomm' kann; die wird immer noch am besten mit'r fert'g. — J, wenn doch der liebe Gott die alte Frau nur endlich mal zu sich nehmen wollte! — Geistesgesteert?! Nee, 's is zu, zu schreck= lich! — (Horcht auf das Wetter draußen.) Nu horcht nur! — Na, heite kriegen de Ziegeldecker noch Arbeit! — Un wo nur der Emil widder bleibt, der Bengel! — Bei so e Sturme! — Wie leichte kann'm e Ziegel uf'n Kopp fallen! — Ae, wahrhaft'g'n Gott! Mer könnt' es werklich manchmal satt kriegen! — Könnt'r denn morgen 'n Wagen schicken, Weidenhammern?

Fr. Weidenhammer. Morgen frieh um Sechse kömmt der Knecht.

Rese. Na Gottseidank! 'S wird Zeit, daß mer de Kartoffeln 'rein kriegen. (Steht auf und geht zu Pauline hin.) Wie gehts denn mit'r Arbeit, Pauline?

Pauline. Was hat se denn wibber geschwatzt?

Rese (die Näherei gegen das Licht haltend). Wah? — Gucke mal, Pauline? Mißte hier am Ende ... Warte mal? — Ja? — Gucke? — Der Aermelaus=schnitt is doch am Ende e bischen zu enge? Nich?

Pauline (ungeduldig). I warum nich gar! — Laß nur! Gieb her! — Ich wer' schon machen! — Der — Franz mit sein' Spatzenarmen! Wo denkst'enn hin? — 'S schlackert jo alles um'n rum.

Rese (eingeschüchtert.) Na ja! De wirst je wissen! — Du lieber Gott, 's is wahr: der Mann schwind't een'm jetzt reene nur so aus'n Kleidern raus!

Pauline (mit bösem Spott.) I stirbte, denn stirbte; denn bist'n los un heiratst e andern!

Rese. I Gott ja! Wie De nur so reden kannst, Pauline!

Pauline. Na ja? — Na, gieb Dich nur zu=frieden! Der is zäh wie enne Katze! Der überlebt uns noch alle, so gesund wie mer sin! (Lacht.)

Rese (ist an das Fenster getreten). I ja! — Gott nee, das Wetter!

Pauline. Was hat se denn nu wibber geredt?

Rese (setzt sich wieder). I nu, wibber so e ent=

jetzliches Zeich! — Alles bunt durchenander. 'S wäre
widder eener in der Stuwwe, den se vergist't hätten
un wollte se tot machen; un se könnte je doch nischt
dervor un e sollt'r doch ja nischt thun! — Na Leite,
ich kann eich sagen! — Ja na: un eemal solls ihr
Vater sin, un eemal is es ihr Onkel, un eemal is es
D ei Vater ...

Pauline. Mei Vater?

Rese. Ja! Un denn red't se mal widder was
von e Geburtstage, un denn is es e mal widder enne
Hochzeit ...

Pauline. Hm.

Rese. Ja, un heite hatten se gar aus een' Bief=
stick gemacht un hamm's gegessen ... Lauter un lauter
solchen schrecklichen Unsinn! — Un merkwird'g: allemal
bei schlechtem Wetter! — Wenn mer Wind oder Gewitter
kriegen, denn haww ich schon allemal allen Respekt! —
Stille mal! (nach der Kammer hin). Franz — hust't wohl
widder?! — Nee! — Ae Gott, un nu ooch noch der
Mann! — Egal un egal das Gehuste! (Besorgt.) Un
ich weeß ooch gar nich Du, denn spuckt e jetzt ooch
widder so viel Blut?

Pauline. J na, das is doch nischt Neies! Des=
wegen!

Rese. Ach nee nee, Du! Das is erscht seit kurzem!
Seit enner Woche! E is jetzt iwwerhaupt ganz anders!
Du liebe Zeit, sonst durfte se kee Lüftchen an'n komm'!
— Manchmal wurd' es een'm ornblich läst'g, so pimp=
lig war e! — Awwer jetzt nimmt e sich ooch nich e
bischen in Acht! — Un daderbei is e in een'm fort

so grillig? — Seit e paar Wochen is es manchmal reeneweg nich mehr zum Aushalten! — Is D'r das nich ooch ufgefalln, Pauline?

Pauline. O ja, hehe! — Am Ende is es, weil ich noch da bin? (Lacht.)

Rese. I Gott nee, Pauline! So derfste das nich nehm'n! — Hä! Ich möchte mal sehn, wenn De de Ernte iwwer nich dagewesen wärst, was 'ch hätte anfangen soll'n! De ganze Wertschaft un die alte Frau un das alles! — (Aergerlich.) Hä! E is je zu sonderbar! — Wohl schon zehnmal haww ich zu 'm gesagt: mer wolln e Mächen nehm'n? Ich kann das nich alles alleene schaffen: ich hätte je stramme Aerme meent e! — Stramme Aerme! Hä! — Scheene stramme Aerme! — So e Mann bild't sich ein, das macht sich alles ganz von alleene! — Nee, geiz'g is e, richt'g geiz'g! — Nee nee, Pauline! 'S is mer enne rechte Erleichtrung gewesen, daß 'ch Dich die Zeit iwwer gehabt hawwe un De thust mer nur e Gefalln, wenn De noch e paar Wochen bleibst.

Pauline. Nu, Franzen thu ich keen Gefalln dermit; die Versichrung kann ich Dr gebn, hehe!

Rese. I Gott, an den sei Gerede mußt De Dich nich kehrn! De weeßt je, wie e kranker Mensch is! — Ja ja, Weidenhammern! Du kannst wohl immer gute Laune hamm! Wer's so gut hat wie Du? — Na nu will ich nur widder hinter un fersch Abendbrot sorgn! — Die dumm' Drescher hat mer heite ooch noch ufm Halse! Die nähln ooch was Scheenes zurechte! (Zu Mariechen, die wieder auf dem Tritt sitzt und strickt.) Na mei

Mariechen? Biste fleiß'g? Strickste? — Nu kannste heite nich e bißchen draußen in der frischen Luft rumloofn! — Hehe! (Richtet sich wieder in die Höhe.) Na denn . . . Hm! — J nee, da fällt mer ein! Hehe! — Heite haww ich doch e rechten Spaß gehabt! (Lacht.) J, 's is mer eegentlich gar nich so zum Lachen zu Mute, awwer . . . Na, wie ich vorhin 'n Kaffee hinter in de Scheine brachte, da zankten sich de Dreschersleite widder e mal! (Lacht.) Kinder nee, 's is allemal reeneweg zum Totlachen! — Da is immer eener eifersicht'ger wie der andre? — Er (lacht) er — so krumm — wie e Fiddelbogen un sie: de reene Vogelscheiche? — Na, nu is e je awwer so ungeheier stolz uf se, weil se buchstabiern kann un's Eenmaleens gelernt hat, un er „ies bluß Schoofjunge gewäst?! Se homm mer nischt lärn losse? — Meine Mutter sälig hot mich verachi't?" Sie alleene hat'n „genummme!" Un 200 Thaler hat se gehabt un er gar nischt? (Lacht.) Ja, un denn, wenn e beschreibt, wie se als Mächen ausgesehn hat! (Lacht.) Nee, Kinder der Welt! — „Sähn Se, Fru Oelzen: ä Näst hotte se (zeigt auf ihren Zopf) ä Näst, biß hie vuur! Un aussähn thot se, Fru Oelzen: nich ahnsosin hob ich se mer getraut, su, su — sauber un su, su — odrätt? (Lacht.) Ober jetzt will se nischt mehr vunn mer wisse, weil ich e krumm' Buckel hobe." — Un sie nu widder: „'S wäre je nich wahr! Er wollte von ihr nischt mehr wissen! E hätte gestern mit dr Frau Hanken ihrer Magd gered't!" — Un er denn un widder: „Nee! Sie hielt's mit'm Schachtmeester!" (Lacht.) Na, ich sage eich! Die Beeden? (Lacht.) Zum Koppskeekelschießen! (Lacht.)

Fr. Weidenhammer (lacht). Na, die Beeden! Die sin stadtbekannt! Das sin e paar Orjenale!

Rese. Gott ja, solche Leite! Wemmer so nimmt: 's is doch awwer hibsch!

Fr. Weidenhammer. Ja, bei'n Mehrschten is es nich so! (Lacht.)

Rese. Herrjees, Du Weidenhammern! Wie is denn das mit dem Frailein Herbst ihrer Verlobung? Das is je wohl widder retour gegangen?

Fr. Weidenhammer. J freilich? Das weeßte noch nich?

Rese. Na, da kann Frailein Herbst ooch sagn, Gottseidank! Ich hawwe gar nich begreifen könn', was se denn an dem Bergstedt ser e Narrn gefressen hatte! — Das will nu e Lehrer sin! So e alter, vierschreet'ger Fläz! — E hat keen' Zahn mehr im Maule, so e junger Mensch!

Fr. Weidenhammer (lacht.)

Rese (mitlachend). Na, 's is wahr! — Un nich e bischen Lebensart hatte der Mensch? E hat 'n ganzen Tag bei Herbsts rumgelegen un hat sich pudeldicke gefressen un daderbei is e zu saul gewesen, 'm Frailein e Stuhl zu bringn oder enne Gießkanne Wasser in Garten zu holn! — 'S war der reene Skandal!

Fr. Weidenhammer. Na, 's liegt 'm awwer ooch sehre dran, daß die Sache widder ins Gleise kömmt! Vor e paar Tagen hat e im Gasthause gesessen un vor allen Gästen laut geweent un hat gesagt: Frailein Herbst hätt 'm 's Herze gebrochen! — Na, was sagt'r denn dazu? (Lacht.) Doch so richt'g wie so e dummer Junge!

Rese (amüsiert). Na, bei dem scheints awwer richt'g zu rappeln!

Fr. Weidenhammer (lachend wie über einen Einfall). Ach Gott nee! Da sprach 'ch gestern seine Wirtsfrau, de Schaden! Das is so 'ne spaßhaft'ge Frau! Die hat zu 'm gesagt: bei Herbsts — ständen — sechs krumme (kommt kaum weiter vor Lachen) un — un — sechs gerade Knippel?... Wenn... Wenn e widder hinkäme... Ach Gott nee, 's is zum Totschrein!! — Da wirde de Frau Herbsten die krumm' uf sein'm Buckel grade un... un — de graden — krumm hau'n!! (Allgemeines Belustigtsein).

Rese (äußerst amüsiert). Herrgott, Kinder! Mer wecken Franzen!

Fr. Weidenhammer (sich schüttelnd vor Lachen). Die krumm' grade — un . . . un de graden — krumm . . . Kinder, nee . . .

Rese (aufstöhnend vor Lachen). Ach, Kinder! Der liebe Gott hat doch noch fer e bischen Spaß in der Welt gesorgt! (Eifrig.) Herrgott nee, awwer ich verplappre mich hier un hawwe noch alle Hände voll zu thun! — Fix, fix! — (An der Thür.) Wirste denn heite mit'm Hemde fert'g, Pauline? Denn könn' mersch am Ende gleich noch mit in de Wäsche nehm'n?

Pauline. Ja.

Rese. Ja! — Na! — Gieb doch nachher Franzen mal sein' Kaffee, wenn e ufsteht! —

Pauline. Ja.

Rese. Bleibste denn noch da, Weidenhammern?

Fr. Weidenhammer. Nich lange.

Rese. Na, vielleicht sehn mer uns nachher noch! — Die krumm'n grade un die graden krumm... (Lacht. Ab.)

Fr. Weidenhammer (lacht). Gott, die Rese! Immer hat se gleich widder gute Laune! — Die is nicht tot zu kriegen!

Pauline (seufzt). Ja, grade so wie Du, Hannchen!

Fr. Weidenhammer. I na weeßte, wo sollte mer sonst ooch hin! — Da wirde eener nich fert'g!

Pauline. Ja ja! Wer so sagen kann?

(Kleine Pause.)

Fr. Weidenhammer. Mit der alten Frau, das is doch enne rechte Plage! — Weeßte, das laß 'ch mer nich nehm'n: das hat se sich damals zu Gemiete gezogen, wie Dei Vater so mit eenem Male wegstarb! — Hm! — 'S war je ooch zu sonderbar! Grade wie e zu Deiner Hochzeit reisen wollte! Du lieber Gott, so e gesunder alter Mann! — Wer hätte das nur gedacht, daß den der Schlag riehrn sollte!

Pauline (ohne von ihrer Näherei aufzusehen). Wenn ich nur dagewesen wäre damals!

Fr. Weidenhammer. Ja eben! — Nu hast'n nich noch e mal zu sehen gekriegt!

Pauline. Oeff'en hätt 'ch 'n laijen vom Kreis= phiesikus!

Fr. Weidenhammer (erschrocken). Oeff'en?! — Na nu Gott bewahre mich!

Pauline (über ihre Arbeit). Der sah eben schlag=

fliß'g aus! — He! — Ach ja! (Sieht auf). Ach Hannchen, Hannchen!

Fr. Weidenhammer (betreten). Hm! Ja, 's muß Dir doch recht eigen zu Mute sin, jetzt, wo De nu nach Jahrn widder mal zu Hause bist.

Pauline. Zu Hause! — Ach Gott, zu Hause! (Lacht bitter.)

Fr. Weidenhammer. Seid 'r denn noch immer wie Hund un Katze zusamm', Du un Franz?

Pauline. Wir?! (Schaudernd). Huch Gott, sprich mer nich davon!

Fr. Weidenhammer (sieht sie an, schüttelt den Kopf). Ach Gott nee, das is doch awwer gar nich scheene!

Pauline. Wir! — Huch Gott nee! — Siehste Hannchen! Jahrelang hat mer sich in Not un Armut hinkrepeln missen un . . . . un — nu fömmt mer hierher un — muß sehn, wie das alles sozusagen fremde Leite hamm, wo mer kleene gewesen is, wo mer aufgewachsen is! Alles, was doch eegentlich von Rechts= wegen mein'm Bruder un mir geheert! Was der dem guten, alten Manne abgeschwindelt hat, schändlich abgeschwindelt! Das ganze, ganze scheene Vermeegen! — Wie die hier im Fette sitzen un . . . Na! Das möchte je awwer noch alles sin!

Fr. Weidenhammer. Ja, gut hamm je am Ende nich gegen Dich gehandelt.

Pauline. Ich seh immer noch, wie se damals alle beede da 'rein kam'n! Die Alte un der spitzköpp'ge, schwindsicht'ge Duckmäiser! Das sollte nu meine neie Mutter un mei neier Bruder sin! — Schon damals lief mersch eiskalt iwwer un iwwer, wie ich die kleen', boshaften Zwinckeroogen sah!

Fr. Weidenhammer. Ja, e zu merkwird'ger Mensch is der Oelze! — Du, ich möchte doch eegentlich wissen, was der so vom Leben hat! Immer is e krank? Nischt derf e sich gönn'? E derf keene Cigarre roochen? E derf keen' Seidel Bier trinken? 'S Zehnte derf e nich essen? Un denn hat e ooch gar keen' Verkehr? Immer huckt e so fer sich allecne! — Merkwird'g! Grade als wenn e sich fer'n Leiten ferchtte!

Pauline. Der?! Sich ferchten?! — Hach, da kennst 'n schlecht, Hannchen! — Der fercht' sich weder vor e Gott noch vor e Teifel, geschweige denn vor e Menschen! — Was der vom Leben hat? Daß e alle Menschen veracht't un iwwer alles spott't: das is seine Freide! — Bei dem is alles dumm!

Fr. Weidenhammer. Du, sprich nich so laut!
(Kleine Pause.)
E sollte sich nich so zurückehalten! — Gloobste, daß de Leite alles Meegliche iwwern sprechen?

Pauline (interessiert). I gar! — So! — Sprechen se iwwern?! — Was denn?!

Fr. Weidenhammer. I nu, 's is je am Ende nur so e dummes Gerede. Awwer mer kann sich nich driwwer wundern! — I nu, 's kann 'm je keener direkt was nachsagen! E tritt je keen'm zu nahe! — Awwer beliebt is e nich! Das kann ich Dir sagen!

Pauline. Na, was sagen se denn so?

Fr. Weidenhammer. I nu . . . Ae, na! Was

soll mer drinnwer reden! — Hm! — Na, gucke, daß Dei Bruder un Du damals so ganz leer ausgegangen seid un Franz un die alte Frau alles geerbt hamm, da wundern se sich drinnwer um meen', daß das nich so mit rechten Dingen zugegangen is .. I na, un daß e sich so aparte hält ... I na, De kannst Dr je denken! — Ja, un deshalb gehts ooch nich so recht mit der Tischlerei! — Na, dadruff is e je nu ooch nich an=gewiesen!

Pauline. Hm! — Hm! — Ja! — Das is e beeser Mensch, Hannchen! E ganz beeser Mensch! (Steht auf und stellt sich neben Frau Weidenhammer. Geheim=nisvoll.) Gucke Dir nur mal so seine Dogen an! Als ob der leibhaft'ge Satan rausguckt! — Ach Hannchen, Hannchen!

Fr. Weidenhammer (sieht sie an). Hm hm?

Pauline (hart). Na, anwer seine Stunde soll ooch noch e mal schlagen! Das erleb ich noch! — Ach Hannchen, Hannchen! — Wenn ich Dir alles so sagen könnte, was ... Wenn ich een' Menschen sagen könnte, was ich alles so stille in mich neinwürgen muß! — Siehste! Das ... das ... Verrückt könnte mich das alles manchmal machen! — Wie ... Wie — Gift frißt das in ein'! — Herkrieg'n könnt 'ch manch=mal alles un zusamm'schmeißen! — Aufbrüll'n, laut aufbrülln könnt'ch, wenn ich manchmal so in der Nacht daliege un krieg' keen' Schlaf in de Dogen, un ... un — denk so an alles! — Ach!! — Un ducken muß mer sich ooch noch? Spitzen muß mer sich bieten lassen? Seine Armut muß mer sich vorhalten lassen? — Jeder

Bissen wird een' vorm Maule weggezählt? — Un denn mißte mer sich, weeß Gott, ooch noch bedanken, daß mer sich doch e mal e paar Wochen satt essen kann? (Vergessen.) Un denn nu ooch noch zu denken . . . Huch Gott, Huch Gott! (Schüttelt zusammenschauernd den Kopf, das Gesicht in den Händen. Dann Frau Weidenhammer ansehend.) Ach Hannchen, Hannchen! — Was der Mensch alles so im Stillen mit sich rumschleppen muß!

Fr. Weidenhammer (nach der Kammer hin). Pauline! Pauline!

Pauline. Ach Hannchen, wenn ich Dich so anseh! Was bist Du jer e hibsches muntres Weibchen!

Fr. Weidenhammer. J Gott, liebe Pauline! Jeder hat seine liebe Not!

Pauline. Jeder! (Lächelt, indem sie Frau Weidenhammer umstert.) Du! Was sollst Du wohl jer Not hamm! — Ihr habt eier hibsches Vermeegen! Du hast gesunde Kinder, hast e guten, fleiß'gen Mann, kennst keine Sorgen? (Senfzt.) Ach, wenn ich so nehme: was war'n das jer scheene Zeiten, wie wir beede so neben= ander uf derselben Schulbank saßen un dem alten Kilian heimlich Streisand in seine Schnupptabaksdose mengten! — Weeßte noch? — Was war'n mer jer e paar un= bänd'ge Mächens!

Fr. Weidenhammer (verlegen; gerührt). J ja, das is wahr!

Pauline. Un mer hatte sei scheenes, warmes Zu= hause un kannte keine Sorgen! (Leise.) Un wenn ich an meine gute, selige Mutter denke? — Wer hätte das damals gegloobt, daß das alles so wer'n sollte! Daß die Alte da un… un… Huch!! (Gesicht schauernd in die Hände bergend.) Un wemmer ooch frieh mit'n Lerchen raus mußte, naus uf's Feld, sei Sticke Butterbrod ins Tuch gebunden un seine Kaffeeflasche unterm Arme: mer kriegte rote Backen derbei un war gesund un froh! — Un jetzt? — Wemmer so in sich neinsieht (finster vor sich hinblickend.) Zu Mute is een', als hätte mer een' totmachen sehn, un — derste nischt sagen!! — Aaach!!!

Fr. Weidenhammer (erschrocken). Na Gott bewahre, Pauline! — Wie kannste nur uf so e schrecklichen Gedanken komm'!

Pauline (zu sich kommend). Ich meene je nur so! Beispielsweise!

(Kleine Pause.)

Fr. Weidenhammer (verlegen). Na, nu will ich anwer… (Erhebt sich zögernd.) 'S giebt noch so allerlei… (Bleibt wie in Gedanken stehn.) Hm! — Ja, da haste eegentlich — recht wenig — Genuß von Dein' Besuche…

Pauline. Genuß! — He! —

Fr. Weidenhammer. Ich wundre mich denn nur, wie De's so lange hast aushalten könn'?

Pauline (aus ihren Gedanken heraus, mit geheimnisvollem Nachdruck.) Ich hawwe noch so meine Absichten!

Fr. Weidenhammer. Absichten?

Pauline. J nu… Hm! — Weil… Weil e — mich nich leiden kann! — Weil e mich gar zu gerne forthamm' möchte! Hehe! — Un nu grade! Grade deshalb bleib ich! — Un — wenn ich… (fährt in Gedanken langsam mit dem Finger über die Tischplatte.)

Wenn ich nu — rauskriegte . . . Hm! (Hastig.) Du! Haste gemerkt, wie verändert e jetzt is?! — So — kribblig! — So — unruh'g! — So . . . So . . . Hehe! — Haste gemerkt?! (Zwischen den Zähnen vor, die Faust ballend.) Aaach!! — Das is 'n je zu infam, daß ich nich gehe! Darinwwer is e je zu gift'g! — Das wurmt'n! Hehe! — (Erregt.) Un Du, Du, — das . . . das is ooch seine Krankheit jetzt?! (Geheimnisvoll, langsam.) Un e weiß auch warum! Ganz genau weiß e das! — Ja? Vor mir — fercht' e sich? — Hehe! — Hehe! — (In großer Erregung, aus einem unterdrückten Mitteilungsbedürfnis heraus.) Ach Hannchen, Hannchen!

Fr. Weidenhammer (sie betroffen ansehend). Du bist doch recht anders geworden, Pauline!

Pauline (schmerzlich, in Gedanken). Ja, ganz anders! — Ach, bis froh, Hannchen! Bis froh! Bis froh!
(Pause.)

Fr. Weidenhammer. Ja, na . . .

Pauline (in anderem Tone; sucht ihrer Stimmung Herr zu werden). Ach mei gutes, kleenes Hannchen! Ich hawwe Dich gelangweilt? Nich wahr?

Fr. Weidenhammer (verlegen). He . . hehe! — Ach gar! — Stille mal?! E hust't wohl?! — Na, da will ich nu doch machen, daß 'ch fortkomme! Hehe! (Zu Mariechen, ihre Hand nehmend.) Adjeh, mei Mariechen! Adjeh, mei Häschen! — Komm morgen Nachmittag mal zu uns niwwer, heerste? Mer nehm'n Bern ab! — Adjeh! (Zu Pauline.) Na, denn adjeh, Pauline! — Komm die Tage mal zu mir! Da wolln mer uns e bischen was erzähln! — Awwer von frieher, nich wahr?

Pauline. Ja, von frieher. (Geben sich die Hand.)

Fr. Weidenhammer. Abjeh!

Pauline. Abjeh!

Fr. Weidenhammer (schlüpft hinaus.)

Pauline (steht einen Augenblick in Gedanken; schluchzt still in die Hände hinein; dann, mit unterdrücktem Zorn, die Fauft gegen die Kammer hin schüttelnd). Hund! — Schwindsicht'ger Hund! — Mörder!!

Mariechen (auf sie zu, sich ängstlich an sie schmiegend). Mutterchen!

Pauline (geht, den Arm um sie legend, mit ihr zu ihrem Sitze zurück). Ja, komm, meine Kleene! (Sie sitzt einen Augenblick in Gedanken, nickt mit dem Kopf und lächelt boshaft vor sich hin.) Na! — Na warte! Hehe! — Du!! ...

(Pauje.)

(Von der Kammer her anhaltendes Husten. Zunehmende Dämmerung. Der Sturm draußen steigert sich.)

Mariechen (ängstlich). Der Onkel kömmt!

Meister Oelze (tritt hustend ins Zimmer. Vornübergebeugt, engbrüstig, abgemagert. Eingefallnes, gelbes, bartloses Gesicht. Schwarzsammtne, gestickte Hausmütze, die bis zu den Ohren runtergezogen ist. Hat eine blaugestrickte Wolljacke an. Seine Arme stecken bis zu den Ellbogen im Latz einer blauleinenen Arbeitsschürze. Die Beine in grauen, schlottrigen Hosen. Filzsocken. — Er geht schweratmend auf den Lehnstuhl zu. — Spricht mit langsamer, ironischer Stimme; unangenehm überrascht). Du bist da?

Pauline. Ja, ich! — (Lacht.) De ferchst Dich doch nich etwa vor mir, Franz? — Hehe!

Meister Oelze (läßt sich langsam, steif, im Lehnstuhl

nieder). Ferchten! — Was Du Dir doch nich alles einbild'st!

Pauline. Na, 's kam so komisch raus?

Meister Oelze. Hm! (Hustet anhaltend.)

Pauline. Na, ich mache je ooch bloß Spaß! — Nanana, so e Husten! — Ich kann Dr am Ende e Glas Wasser holn, was?

Meister Oelze. Hähä! — Du bist je sehre besorgt?

Pauline. Soll ich?

Meister Oelze. Danke scheen!

Pauline. Warte, awwer Dein' Kaffee will ich Dr gebn! — Laß mich e mal e bischen vorbei, mei Mariechen! — So! — (Erhebt sich, geht zum Ofen und nimmt Tasse und Kännchen aus der Röhre.) Ich setz Dir's gleich hier uf de Ofenbank! Da brauchste nich erscht ufzustehn! — So! — (Holt vom Tisch ein Tellerchen mit Weißbrot.) Hier! Frisches Pflaumenmus! (Geht wieder zu ihrem Stuhl zurück.)

(Pause.)

Ihr habt hier so scheene Myrthen!

Meister Oelze (trinkend). Hähä! — Eselsohrn!

Pauline. Was? — Eselsohrn?

Meister Oelze. Wie Eselsohrn sehn Myrthenblätter aus!

Pauline (lacht.) So e Einfall! — Wohl weil eener dumm is, wenn e sich verheirat't?

Meister Oelze. Das mußt Du je am besten wissen? — Hehe!

Pauline. Ja, mit Dir hat's Rese freilich besser! — Du kannst Dich wenigstens nich besaufen!

Meister Oelze. Da spart eener ooch viel scheenes Geld! Wenn ihr das alles uf de Sparkasse getragen hätt't, was Dei Alter schon vertrunken un in de Luft gepafft hat, da gings eich ooch besser!

Pauline (über ihre Arbeit gebückt). I ja, Franz. Da haste wohl recht. — Na, mit der Mutter is es heite ooch widder recht schlimm. Die arme Reje hat widder 'n ganzen Nachmittag mit'r ihre liebe Not gehabt.

Meister Oelze (scharf). Hä?!!

Pauline (zusammenfahrend). Gott, Franz! Wer erschreckt sich je ornblich?! — (Lacht.) Ich weeß gar nich, wie De jetzt nur immer bist?!

Meister Oelze. So? — Erschrocken haste Dich? — Aaach! (Trinkt.)

Pauline. Na ja! — Du bist jetzt immer gleich inwer alles so grillig!

Meister Oelze. Hm!

Pauline (gegen das Fenster gewandt). Hu, hu! - Das kann inwer Nacht noch e scheen' Sturm gebn! — Das is ooch widder das Leiden von der alten Frau! I ja, 's wär eich wohl enne rechte Erleichterung, wenn se der liebe Gott zu sich nehmn wollte. Nich?

Meister Oelze. Wer is denn heite bei 'r gewesen? Du?

Pauline. Ich? Nee, Franz! Warum denn?

Meister Oelze. Na, de steckst je doch sonst immer bei 'r?

Pauline. Na Gott, das is doch weiter nich wunderbar? — Wer soll denn gleich immer bei 'r sin? — Rese kann je doch ooch nich immer abkomm'.

Meister Delze. 'S scheint Dr je doch e Vergniegen zu machen?

Pauline. E Vergniegen? — I nu, e Vergniegen is es wahrhaft'g'n Gott nich!

Meister Delze. Du bist je doch so 'ne Gesiehlvolle, so 'ne barmherz'ge Schwester? Hähä.

Pauline. Na, heere mal, Franz! Du scheinst awwer heite widder mal richt'g mit'm linken Beene zuerst ufgestanden zu sin! (Lacht belustigt.)

Meister Delze. Hm! (Trinkt.)

Pauline (erhebt sich, geht auf ihn zu).

Meister Delze. Was willst 'enn?!

Pauline. Na, Gott, einschenken will ich Dr, Franz?!

Meister Delze. Danke! Kann ich alleene!

Pauline (lacht.) Du thust je wirklich Franz, als ob 'ch Gift an' Fingern hätte?

Meister Delze. I, wer weeß?

Pauline (thut piquiert). Na, heere mal! (Geht zu ihrem Stuhl zurück.) Na?! Da gehts wohl widder los mit der Mutter?! (Horcht.) Gott, Gott, 's is doch e rechtes Leiden! Vor e paar Tagen saß 'ch e mal so bei 'r un da hatte se so e lichten, weichen Augenblick. Die Sonne schien grade so recht hibsch helle un warm zum Fenster nein. Un da meente se so zu mir: „Ach, wenn ich doch erst hinten läg auf'm Gottesacker neben Dein'm Vater." 'S ging mer doch durch un durch! (Plötzlich wie ergriffen.) Huch Gott nee! Ich weeß ooch gar nich, wo se nur all das serchterliche Zeich herkriegt! Wie se sich das nur in Kopp gesetzt hat! – Weeßte, 's scheint mer manchmal, als wenn se gloobte, daß der Vater keenes natierlichen Todes gestorbn is!

Meister Oelze. Hähä.

Pauline. Was lachst 'enn, Franz?

Meister Oelze. Nu, ich freie mich, weil de . . . (Sie firieren sich einen Augenblick.) Hähä.

Pauline. Hm? Wie meenste?

Meister Oelze (ihr nachäffend.) „Hm? Wie meenste?" Ich freie mich, weil de so enne gute Tochter bist? – „Nich?" wie De immer machst. „Nich'?

Pauline. Wie De nur bist!

Meister Oelze. Na, nur weiter! Laß Dich nur nich steern in Dein' Texte! (Lacht.)

Pauline. J, e rechter Quatschkopp biste! – Mer kann werklich kee verninst'ges Wort mehr mit Dir sprechen! . . . Zeig e mal, Mariechen? De läßt mer doch keene Masche falln? Wenn de beim Zwickel bist, sagst' es mir! (Streichelt sie.) M! Meine Kleene! — Heere lieber jetzt uf; de verderbst Dir de Oogen.

(Pause.)

Ja, denke Dir nur, Franz! Heite hat se widder gesagt, se hätten 'n Vater vergift't un denn hätten se zu enner Hochzeit Viefstick aus 'm gemacht, un hätten 's gegessen! — Huch Gott nee!

Meister Oelze (lacht.)

Pauline. Gott ja, mer könnte werklich manch= mal drinwwer lachen, so schrecklich wie 's is!

(Pause.)

Ach ja! Der gute Vater! — Ich seh 'n immer noch, wie e abends so da saß, dort auf sein' Lehnstuhle mit sein' scheen' weißen Barte un sein' gestickten Hauskäppchen un sein' freindlichen alten Gesichte! Wenn e hinten aus der Werkstatt vorkam un zum Feierabende noch so sei Pfeifchen roochte! — So scheene, rote Backen hatte der alte Mann noch! Wer hätte bloß denken solln, daß es so rasch mit'm zu Ende gehn sollte! — (Hat den Schürzenzipfel am Auge.) Ach ja, wenn ich 'n doch wenigstens noch mal zu meiner Hochzeit bei mir gehabt hätte! Weiter hätt' ich je denn gar nischt gewollt!

Meister Oelze. Hm!

Pauline. Nee, weeß Gott, Franz! Weiter gar nischt!

Meister Oelze. Was denn?!

Pauline. Ach, ich dachte, Du gloobtest 's nich.

Meister Oelze. Hähä! — Ae wo!

Pauline. Nee, e war ooch zu gut fer die schlechte Welt! — Ja, un nu sitzt Du da uf sein' Platze! — I ja, wenn doch jeder so e gutes, freies Gewissen mit sich ins Grab nehm'n könnte, wie der alte Mann!

Meister Oelze (streicht mit beiden Händen langsam über die Seitenlehnen des Stuhles.) Hm! — Hm! — Kannste Dich denn awwer nich e mal immer was andres mit mir unterhalten? Hä? — Jetzt nach zwanz'g Jahrn? — De kannst wohl gar nich anders? — Ewig mußt de wohl den alten Versch beten? Oder denkste etwa, daß ich's anders machen kann? Hä?

Pauline (ernst). Nee, Franz! So was läßt sich freilich nich widder gut machen! — Awwer ich kann mer nich helfen! 'S kömmt immer widder so iwwer mich!

Meister Oelze (wie vorhin). M! — Na, so gut hat e, denk 'ch, gar nich gegen Dich gehandelt un Dein' Bruder? Hä?

Pauline. J Gott, na ja, Franz! — Awwer im Grunde genomm' war das damals doch ooch bloß sei gutes Herze, daß e 's Testament zu Dein' un Deiner Mutter ihr'n Gunsten machte! — Nich wahr? Wie hättst Du Dich denn durch de Welt schlagen solln, immer so schwach un kränklich? — J na, un wenn e nich gar so plötzlich damals weggestorbn wär', hätt' e uns am Ende ooch noch e bischen besser bedacht! Nich?

Meister Oelze. Ja, wenn e doch damals bloß zu Deiner Hochzeit gekomm' wär'! Hähä!

Pauline. J ja! Mit tausend Freiden hättn mer'n aufgenomm'!

Meister Oelze. Das gloob ich. — Hähä!

Pauline. Ja, das kannste werklich Franz!

Meister Oelze. Nu gewiß! Denn wenn De sonst nischt von 'm geerbt hast, haste doch sei gutes Herze geerbt.

Pauline. J Gott, 's is wahr, Franz! Das is freilich wenig genung! — 'S muß eener so e recht gott= vergessner Hallunke sin, wenn e 's in der Welt zu was bringen soll! — Na, 's schad't nischt! Der liebe Gott läßt nischt ungerochen!

Meister Oelze. Hähä.

Pauline. Nee, gewiß un sicher nich, Franz!

Meister Oelze. Na, willst 'enn Dir un mir nu mal den Gefalln thun un mit dem Kohle uffheern? —

Ich weeß gar nich, was das heeßen soll, daß De 'n grade mir immer widder ufwärmst? — Hähä.

Pauline. Nee, Franz! Das is sicher un gewiß kee Kohl! Awwer ich weeß je, Du bist ooch so e Neimod'scher, — so e Freigeist!

Meister Oelze. Na, De weeßt je: dadervor soll je mei Emil mal Paster wer'n! — Mer hamm's je schließlich derzu! Hähä! — Un denn kann e je mal fer mich beten, daß 'ch in Himmel komme! Hähä!

Pauline. Ja, spotte nur, Franz! Das hilft nischt, wenn e andrer fer een' bet't!

Meister Oelze (pfeist leise vor sich hin, über die Seitenlehnen streichend). Wenn reist'r denn?

Pauline. Wie, Franz?

Meister Oelze. Wenn 'r reist, frag 'ch! — Seit wenn heerst 'enn schwer?

Pauline. Ach so! — Ach so, De meenst, je könn' bei mir zu Hause nich mehr recht ohne mich auskomm'? J Gott, deswegen, Franz! — Deswegen könn' mer gut un gerne noch e paar Wochen bleibn! — Gott, Minna is doch nu e großes Mächen; un das bischen Wertschaft bei uns! — Rese fragte ooch schon, weil je mich doch jetzt bei der Kartoffelernte un beim Obsteinmachen gut gebrauchen kann. Un... Un — (mit stockender Stimme) 's is doch immer mei Elternhaus hier.

Meister Oelze (mit höhnischem Bedauern). Na na na! — Wo kriegste denn nur immer gleich alle die Thrän' her?

Pauline. Ach, da brauchste nich zu spottn, Franz!

Meister Oelze. Nee nee! — Bleib doch? Bleib

doch so lange hier wie De willst! Immer bleib! — Hähä! — Sage mal, biste denn nur werklich so dumm?

Pauline. Was denn, Franz?

Meister Oelze. Na, denkste denn, ich versteh Dich nich? Denkste denn, ich weeß nich ganz genau, worauf De nauswillst? — Hähä.

Pauline. Worauf... Worauf ich — naus will?

Meister Oelze. Hähä! — Na, was verstellste Dich denn nur so?

Pauline. Ich? — Mich verstelln?

Meister Oelze. Hähä! — Denkste denn, ich weeß nich, mei Lämmichen? — Daß mir das hier alles gehßert, das is doch de ganze Sache! Hä?! — Das is doch de ganze Geschichte! — Je, awwer meine is es doch nu mal? Un meine bleibts? Un von mir erbt's e mal mei Junge? — Nu? — Hä? — Da friß das doch in Dich nein? — Hähä. — Da — platze doch vor Gift? — Platze doch? — Hähä.

Pauline (ihn ruhig fixierend). Awwer Franz! Wie De Tir nur solche Grilln machen kannst! (Lacht.)

Meister Oelze. Ich hamm' es doch un e mal? Un keener kann's mer nehm'n! Heerste! Kee Mensch! — Hähä! — Beschweere Dich doch? — Geh doch hinter uff'n Kerchhof un beschweere Dich bei Tein' Vater? — Na?

Pauline. Nee, Du bist werklich recht krank, Franz!

Meister Oelze. Aach! — Warum spielste denn nur solche Komeedie?

Pauline (ruhig). Franz! Gott is mei Zeige, daß das...

Meister Oelze. Ich hawwe Dir das doch nu schon mehr wie eemal unter de Nase geriebn?! Ich wirde mir das nich so oft sagen lassen an Deiner Stelle!

Pauline (immer in ruhigem Ton). Na, Franz! Nu will ich Dir mal was sagen, un da kannste gleich sehn, was das alles ser e Unsinn von Dir is, oder — ich weeß nich was? — Wenn ich mich nu nich darinwwer zufrieden gebn könnte, daß Du das Vermeegen geerbt hast: wer hätte denn Grund, sich zu ärgern: Du oder ich? — Was? — Un wenn ich nu, wie De meenst, dadruff immer widder anspielte, da wär' ich doch heechstens de Dumme un Du könntst mich auslachen! Nich?

Meister Oelze. Na, das thu ich je ooch? Hähä.

Pauline. Awwer ich denke je gar nich dran, Franz! — Ich beneide Dich nich, Franz! — Wahrhast'g nich! — Liebe Zeit, der liebe Gott hat mir e paar gesunde Aerme gegeben un bis jetzt haww' ich noch immer satt zu essen un trinken gehabt un im iebrigen haww' ich, Gottseidank! e gutes Gewissen, un ich denke, das is de Hauptsache! — Wenn De denn awwer durchaus nich mit mir in Frieden un Freindschaft lebn kannst . . . .

Meister Oelze. In Frieden un Freindschaft? — Hähä! — Na, wer fängt denn immer an?

Pauline. Du, Franz?! Mit Dein' Einbildungen?!

Meister Oelze. So! — So! — Hm! (Pfeift. Streicht über die Lehnen.)

Pauline. Wie gesagt, wenn De 's mir denn durchaus nich gönnst, daß 'ch mal nach Jahrn e paar Wochen

in mein' Elternhause bin, nu gut, denn will ich eich
weiter nich zur Last falln, denn kann ich je reisen! —
Amwer hibsch is es jedenfalls nich von Dir, daß De
mir nich e mal das gönnst! — Ich dächte doch, 's
könnte Dir wahrhaft'g'n Gott nich druf ankomm'!

Meister Oelze. Na ja! Na ja! — Gut! —
Bleib doch! — Hm! — Immer bleib! — De denkst
je sonst ooch am Ende werklich, ich ferchte mich vor
Dir! — Hähä!

Pauline. Amwer warum sollste Dich denn nur vor
mir ferchten, Franz?! — Ich kann wirklich gar nich be=
greifen, wie De nur immer darauf kömmst?! — Ich
möchte nur in aller Welt wissen, was an mir zu ferchten
soll sin?

Meister Oelze. Na, un — stille! . . . Ich mag
— (bekommt einen starken, langanhaltenden Hustenanfall) von
— dem Quatsche — nischt mehr . . .

Pauline (auf ihn zu). Gott, Gott! Na ja, siehste,
Franz! — Nu haste Dich widder so stille in Dich 'nein
geärgert!

Meister Oelze (fortwährend hustend, spuckt aus).

Pauline. Herrgott, nu gucke doch bloß!!

Meister Oelze (giebt zwischen dem Husten unartikulierte
Laute von sich).

Pauline (sich über das Ausgespuckte beugend). Blut!

Meister Oelze (wie eben).

Pauline. Blut!

Meister Oelze (mühsam). Q—Quatsch . . .

Pauline. O ja, gucke doch, Franz?! — E ganz
großes Sticke?! — Das is Lunge?!

Meister Oelze (ist ein wenig zu sich gekommen, packt sie am Handgelenk, versucht sie von sich zu stoßen). Weg!!!

Pauline (zurückzuckend, wie vor Ekel). Hch!! — P—Packste een' da — gleich an mit — Dein' dürr'n, kalten — Fingern! (Reibt sich die Stelle. Leise.) Ganz schweiß'g! — (Atmet auf.) Mer — könnte werklich manch= mal denken, De wärst nich recht bei Troste, Franz! — Is Dir un besser?

Meister Oelze (liegt erschöpft im Stuhl, lacht).

(Draußen geht die Hausklingel; gleich darauf tritt) Emil (ein. Rotes Schülermützchen auf dem windzer= zausten Haar. Wirft es auf den Tisch). 'N Abend, Vater! 'N Abend, Tante! 'N Abend! 'N Abend!

Pauline (gutgelaunt). Na, Emil? Du bist mir ooch e rechter Rumtreiber! — Bei so e Wetter? (Lacht. Setzt sich wieder auf ihren Stuhl.)

Emil (hat sich inzwischen mit Mariechen umhergeneckt). Ae, mer hamm draußen noch so hibsch gespielt! — Ersch hammer nach e Hamster geschmissen, den mer an Weiden= hammers ihr Schein'thor festgenagelt hamm un denn hammer uns noch gehascht! (Schmeißt sich auf einen Stuhl, daß ihm die Beine in die Höhe fliegen. Lacht). Wupp! — Da wär ich je beinah hingeflogen?! — Ei weih, is da awwer e mal e verflixter Wind?! — Du! Vater! Von Schwalbens ihrer Scheune hat e 's halbe Dach abgedeckt, un bei unsrer Hausecke kömmt mer gar nich rum! — Akerat so, als ob mer vor enner Mauer steht! — Bei Bäcker Knabens sin ooch schon enne Menge Fenster kaputt! Ach ach, un bei Born= scheins! Bei Bornscheins is enne ganze Esse runter=

gepurzelt! — 'S kam so mit eenem Male. Un hinten, hinter der Kerche, kömmt's egal ganz dicke un schwarz 'n Himmel in de Heehe! — Grade als wenn de Welt untergehn sollte! — Hoho! Guckt mal, wie sich die Kleene fercht't! Hoho! Hoho!

Pauline. Du mußt se nich ängstlich machen, Emil!

Emil. Wah? — Ach, un die Weiber un die Mächens! Au nee, hamm mir nur e Spaß gehabt! — Immer der Wind hinten gegen die Röcke! — Wie angeklitscht!

Pauline (lacht). Anwer, Emil!

Emil. Wah? — Un, un — immer so de Gasse hat se der Wind nuntergetriebn! — Ach, un de alte Schäfern? Die hat der Wind ganz un gar hingeschmissen! — Mer hamm se nachher ufgehobn un denn hat se sich immer so dichteweg an 'n Haisern hingekrebst! — Wißt 'r?. Der Amtsdiener Edel hat vorhin zum Gertlermeester Abel gesagt: wenn nur in der Nacht nischt passierte un beim Spritzenhause hamm se alle beede Spritzen zurechte gemacht!

(Draußen kommen mehrere Personen langsam durch den Flur auf die Thür zu.)

Du, Tante! Wo is denn . . . Horche mal?!

Meister Oelze (beugt sich vor. Vor der Thür Sprechen).

Rose (tritt ein. Sie führt mit Frau Kramer die alte Frau Oelze. Diese bewegt sich zwischen den beiden Frauen mit langen, schlenkernden Schritten vorwärts. Dicker, gedunsener Körper. Unsauberes, ganz farbloses Kleid. Darüber eine Schoßjacke von ungewisser Farbe. Gedunsenes Gesicht. Wirre weiße Haare. Gelb, runzlig, vornübergebeugt. Stumpfer Blick. — Sie wird zur Ofenbank geführt). Hibsch — langsam! — So! — So! — Soo, Großmutter! — Hier is hibsch warm! — Warm! — Nich wahr? — Setzen Se sich! — So! — (Die Alte hebt, als sie sitzt, einen Augenblick den Kopf und sieht sich langsam, mit stumpfem Blick, um. Sinkt dann in sich zusammen und sitzt stumpf und still da, die Arme schlaff über den Schoß weg.)

Fr. Kramer. 'N Abend!

Rese. 'N Abend, Kramern! Dank ooch scheene!

Fr. Kramer. Nich Ursache, Meester Oelzen! (Ab.)

Meister Oelze (scharf). Na, was soll denn das?!

Rese (verlegen). Gott, Franz! — Se is je jetzt stille!

Meister Oelze (erhebt sich. Auf und ab).

Rese. Was soll mer denn mit 'r anfangn? Hinten kann ich je heite doch nich bänd'gen.

Meister Oelze. Mein' Rock un meine Stiwweln!

Rese. Wie . . . Wie, Franz . . . ? . . .

Meister Oelze. Mein' Rock un meine Stiwweln will ich! — Kannste nich heern?!

Rese. Dein' . . .

Meister Oelze. Mähre nich so lange!

Rese. Hm! — Ja! Gleich! (Geht zum Schrank und holt das Verlangte.) Hier!

Meister Oelze (setzt sich, zieht die Stiefeln an).

Rese (schüchtern vor ihm mit dem Rock). De willst noch fort, Franz?!

Meister Oelze. Halt'n Rock!

Rese. Gott! Franz . . . Bei dem Wetter! . . . Der Kreisphiesikus hat doch . . .

Meister Oelze. Halt ornblich! (Fährt in den Rock.) Meine Mütze! Mein' Stock! — Nu mache, mache, mache! — (Beides wird ihm gebracht.) So! — Na, nu könnt 'r je hier alle Dreie 's Pres hamm'? — Hähä! — Gute Unterhaltung! (Ab.)

Rese (hinterher). Franz?! 'S Halstuch wenigstens ... Weg is e! (Macht die Thür zu.) Na Pauline, nu sag mer bloß! Da soll nu eener drauß klug wer'n! — (Weinerlich.) Ich wer'e aus dem Manne nich mehr gescheidt! — Na, nu heere nur, so e Sturm! — Keen Hund schickt mer naus! — Ach Gott! Nee, nee! — Na, nu is doch wenigstens die alte Frau stille! So is je nu stundenlang! — Kannste mir denn nu jetzt hinten e Oogenblickchen helfen?

Pauline. Ja, gerne!

Rese. Hm! — Na ja, Pauline! Nich wahr! — Was soll mer denn machen? — Ich hätte je doch hinten nich ruhig gekriegt?

Pauline. J, versteht sich! — (Lacht). Laß 'n doch? — Was is e denn so e Dickkopp?

Rese (bekümmert). J ja! — Seid mer nur hibsch art'g derweile, Kinder! — Un laßt de Großmutter zufrieden! Daß De mir ja nich etwa Unsinn un Talberei'n mit 'r machst, Emil! Heerste?!

Emil. Nee nee!

Rese. Na Pauline, denn komm'! — Das kann enne gute Nacht wer'n! (Mit Pauline ab.)

Zweiter Aufzug.

Die Rouleaux sind heruntergelassen. Auf dem Tische steht die brennende Lampe und liegt Pauline's Näharbeit. Mariechen sitzt am Tische. Emil lungert im Zimmer umher. — Draußen der Wind.

Emil (betrachtet pfeifend, die Hände in den Hosentaschen, die alte Frau). Brrr! Ganz dreck'g is je un nach Hamsterfelln stinkt je! — Brrr! (Pfeift wieder im Zimmer umher.) Hach! — Hier is gar nischt los! (Bleibt vor Mariechen stehn.) Na Du?! (Plötzlich kommt ihm ein Gedanke. Er hüpfelt zur Thür hin.) Na? Soll ich Dich jetzt mal mit der Großmutter alleene lassen un nausgehn? (Hand auf der Thürklinke.) Na? Soll ich?

Mariechen (lächelt ungewiß).

Emil. Na?

Mariechen (halb zaghaft). Ach, Du traust Dich je selber nich naus?

Emil. Oho! Paß mal auf! (Drückt auf die Klinke.)

Mariechen (schnell, ängstlich). Nee, Emil, nee!

Emil (neckend). Grade! Erst recht! Jetzt geh ich!

Mariechen (halb weinend). Lieber Emil! Ach nee! Ach nee!

Emil. Siehste, wie De Angst hast? — Wenn

ich jetzt nausgehe, denn kömmt e ganz schwarzer Mann da aus'm Uhrkasten un frißt Dich auf!

Mariechen. Nee, ach nee!

Emil. Ae was! Ich gehe doch! — Na?! Soll ich?! —

Mariechen (weint).

Emil (lacht). Hoho! De Kleene weent! — Na nu nee doch! Ich geh je gar nich naus! Was weenst 'enn?! — Hoho?! Bist Du awwer mal dumm?! (Von der Thür weg.) Na?! Wenn De immer noch weenst, geh ich doch! — Na!

Mariechen (trocknet sich die Augen).

Emil. Fercht't sich die Kleene! — Aach! Fercht't je sich! — Hehe! Hehe! — Schab, schab Möhrchen?! — Du! Lache mal, Kleene! — Na?! — Willste gleich mal lachen?!

Mariechen (lacht). Na, Dummer!

Emil. So! Siehste?! — (Gähnt und dehnt sich. Sucht wieder pfeifend im Zimmer umher.) Ae! Giebts denn hier gar nischt zu essen?! — Hm hm hm! — Warte mal! (Bleibt endlich vorm Ofen stehn und macht einen langen Hals hinauf.) Au! Is ja wahr! Die Birn'! — Mal 'n Stuhl her! — Fix! (Schleppt einen Stuhl zum Ofen.) So! Nu komm mal her un setz Dich druf. (Mariechen setzt sich auf den Stuhl.) Awwer feste, daß e nich umkippelt! — Nu klettr' ich fix uf de Lehne? Denn kann ich grade hinlangn! (Langt nach den Birnen.) Awwer De mußt ooch feste sitzen! Ganz feste! Heerste? Ja nich wackeln! — Au, wie's im Ofen bubbert! (Mariechen erschrickt.) Au!! — Na Dumme! — Sitz doch

feste! — Was ferchst De Dich denn?! De Groß=
mutter thut Dir nischt! (Langt Birnen oben vom Ofen, ißt
und wirft dann welche Mariechen zu.) Da! — Fang uf!
— Iß! — Daß De awwer hernach nischt meiner
Mutter sagst! Heerste? — Sonst kriegste Haue!

Mariechen. Nee.

Emil. Ach! Da sin der Großmutter grade e
paar uf'n Kopp gefalln! — Hihihi! — Ae, schab't
nischt! Das merkt se doch nich! (Langt wieder nach
den Birnen.) So! Noch e paar! (Singt beim Kauen):

Dreie, sechse, neine!
Jetzt gehn mer in die Scheine!
Jetzt gehn mer in das Haberstroh
Un sin ganz kreizfidel un . . .

So! Jetzt is genung! — Nu fix noch e paar nach vorne
paddeln, daß se nischt merken! Sonst giebts Keile! —
Bleib sitzen!! — Ich springe!! — Bautz!! (Springt
von der Lehne herunter.) Hä! Gucke mal! Alle Taschen
haww' ich mer vollgepfroppt! — Na iß doch?! — De
traust Dich wohl nich? — Die missen mer alle essen,
sonst merken se was! — So! — 'N Stuhl widder weg=
stellen! — Fix! Iß! — Eh se widder komm'!

Mariechen. Du! Emil! — Wo thun mer denn
awwer de Stiele hin?

Emil. Au ja! — Is je wahr! — Ich hawwe
meine alle in de Stuwwe gespuckt! — Hihi! — Fix uf=
lesen! (Liest mit Mariechen die Stiele zusammen.) Hintern
Ofen, Du! Alle hintern Ofen! (Setzt sich auf einen
Stuhl, baumelt mit den Beinen, singt:)

Dreie, sechse, neine!
Jetzt gehn mer in de Scheine!
Jetzt gehn mer in das Haberstroh,
Un sin ganz kreizfidel un froh!

Mariechen. Du! Emil! — Da liegen noch e paar uf der Großmutter ihrn Schooße!

Emil (essend). Nimm se doch weg!

Mariechen. Ach nee, Du.

Emil. De traust Dich wohl nich?

Mariechen. Nee.

Emil. Dumme! Die thut keen' was! — Nimm se mal gleich weg!

Mariechen. Nimm Du se doch weg, Emil?

Emil. Nee, Du! — Na?!

Mariechen. Ach!

Emil. Na?! — Sonst geh ich naus!

Mariechen. Ach!

Emil. Na?! Eins? — Zwei? — Un — un — drei — is — drei — is ...

Mariechen (ist auf die alte Frau zugegangen und hat ihr ängstlich die Birnen vom Schoße genommen).

Emil. Na siehste? Hat se Dich denn nu gebissen?

Mariechen. Du! Se sitzt da wie tot! Nich?

Emil. Ae! Laß se sitzen!

Mariechen. Du! Gucke mal Emil, wie's Feier inwwern Fußboden weghippt!

Emil (faul). Ja!

Mariechen (tritt zum Fenster und sieht auf die Gasse). Au, lauter dicke, weiße Wolken am Himmel! — Gucke mal! — Hu, wie fix die gehn! — Du, die da immer Weidenhammers ihrer Scheine driebn! Wie e ganz langes Krokodil? Nich?

Emil (ist zu ihr getreten). Au ja!

Mariechen. Horche mal, der Wind? — Das wird immer schlimmer! — Nich?

Emil. Ja, Kleene! — In der Nacht geht ooch de Welt unter! — Weeßt 'enn das noch nich? — In der Nacht geht de ganze Welt unter! (Zurück in die Stube.) Aaach!! (Räkelt sich, gähnt.) Ich lese bißchen! (Holt sich ein Buch, setzt sich damit an den Tisch.)

Mariechen (setzt sich neben ihn, den Kopf auf den Arm gelegt).

Rese (tritt mit Pauline ein, atmet auf). Na Gottseidank! Soweit sin mer je nu fert'g! (Sie hat Butterbrote für die Kinder.) Hier, Kinder, habt'r gleich e paar Bemmen! Viel Umstände könn' mer heite nich machen! — Ihr habt wohl ticht'gen Hunger, was?!

Emil. Jo?! (Duckert sich zusammen und lacht Mariechen zu. Sie essen.)

Rese. Na, Pauline! Nu wolln mer bloß noch die alte Frau zu Bette bringn, denn wenn Franz kömmt un je sitzt noch da, denn is gleich widder der Teifel los! (Mit Pauline beim Ofen.) Großmutter! Großmutter! (Die alte Frau hebt langsam den Kopf). Mer wolln zu Bette gehn! — Zu — Bette — gehn!! — Komm' Se! (Faßt sie an dem einen, Pauline faßt sie an dem andern Arm. Richten sie langsam und vorsichtig auf.) Komm' Se! — So! — Na?! — Hibsch — lang — sam?! — Hibsch — lang — sam!! — So! —

So! — So scheene wer'n se schlafen! So scheenchen!
— Schlafen?! — Hä?! (Führen sie hinaus.)
(Pause.)

Emil (ißt, liest, brummelt dabei vor sich hin).

Mariechen (die ihn, den Kopf aufgestützt, beobachtet). Du! Emil!

Emil (ohne aufzusehen). Was!

Mariechen. Wie alt bist'n Du?

Emil (wie eben). Funfzehn.

Mariechen. Ach! Ich bin erst sieben!

Emil (sieht auf, lehnt sich zurück). Na, wieviel bist 'enn da jinger wie ich?

Mariechen. Warte mal! (Zählt an den Fingern.) Sieben, achte, neine, zehne ... Acht Jahr!

Emil. Ja! — Na, un wenn Du mal funfzehn bist, wie alt bin ich denn?

Mariechen. Wenn ich funfzehn bin? — Du! Denn bin ich konfermiert. Nich?

Emil. Ach, das is jetzt ganz egal! — Wie alt ich denn bin, sollste ausrechen! Da mußte also achte zu funfzehn zuzähln! — Na?

Mariechen. Wart e mal! (Zählt leise.) Dreiunzwanz'g.

Emil. Ja. Stimmt.

Mariechen. Du! Anwer Emil! Wenn ich siebz'g bin, denn biste achtunsiebz'g! Au!

Emil. Ja! Denn hanw' ich so e Wackelkinn un solche Triefoogen wie der alte Stöber!

Mariechen (lacht). Au, pfui!

Emil. Na ja?

Mariechen (lacht). Du! Der alte Stöber macht immer papp, papp, papp mit sein'm Munde! Grade als wenn e egal ißt! (Lacht.)

Emil. Ja! (Liest weiter.)

Rese (tritt ein, dehnt sich). Hch, Gott ja! — Na, seid'r satt geworden, Kinder?!

Mariechen. Ja!

Rese (nimmt einen Strickstrumpf vom Nähtischchen und setzt sich damit an den Tisch).

Emil. Horche mal, Mutter! 'S Kaizchen driebn bei Weidenhammers!

Rese (strickend). Ja, da sterbt eener in der Nachbarschaft.

Emil (lacht). Ach, das is doch Unsinn! Warum soll denn da eener sterbn?

Rese. I na, wenn De's besser weeßt?

Emil. Na, da gloobt der Vater ooch nich dran! (Liest.)

Pauline (tritt ein). Se schläft.

Rese. Na Gottseidank! Wenn se der Sturm nur nich widder wach macht!

Pauline (setzt sich. Nimmt ihr Nähzeug).

Rese. Gott nee, der Franz!

Pauline. J, warum leeste denn weg?! — 'S hat'n doch keener fortgetriebn? — E wird doch wahrhaft'g mal e Dogenblickchen seine alte kranke Mutter in der Stuwwe leiden könn'?

Rese. Wo e nur hin is?

Pauline. Na, doch wohl ins Gasthaus? E hat doch sonst weiter keen' Verkehr?

Rese. Ach Gott ja! — Sei Lebtag is der in kee Gasthaus gekomm'. — Mer mißte mal ninwerschicken?

Pauline. Na, das würd 'ch nich! — Das giebt nur e Gerede!

Rese. Ja, das is ooch wahr! — Du! Was un was der Mann nur hat! — Der hat so'ne Unruhe in sich?

Pauline (kurz). Gott, wer weeß!

(Es klopft.)

Rese. Herein?!

Patschke (tritt ein. Mütze auf. Blaue Arbeitsschürze unterm Rock vor. Vierziger. Rotes Gesicht. Struppiger, schwarzer Schnurrbart. Bart unterm Kinn weg, das Gesicht einrahmend. Phlegmatische Sprechweise. Hat getrunken). 'N Abend!

Rese. 'N Abend, Patschke! Na?

Patschke. Ich wollte noch e bischen weg gehn, Meester Elzen!

Rese. Na?! Wohl ins Gasthaus?! Was?!

Patschke. Ja, Meester Elzen! Noch so e kleen' Seelenwärmer nehm'n sersch Schlafengehn!

Rese. Na, Patschke, Patschke! Ihr macht was Scheenes zurechte!

Patschke. Ae! Was is 'enn da weiter bei, Meester Elzen? — Da steer'n een' keene schlechten Traime!

Rese. Ja, geht mer nur weg! — Beseht Eich nur e mal im Spiegel!

Patschke. Meester Elzen! In mich verliebt sich doch keene mehr.

Rese. Nu freilich? Wenn Ihr mit so 'ner Nase rumloost, Patschke, wer soll sich denn in Eich verliebn?

Patschke. Ja.

Rese. Na, denn besauft Eich nur wenigstens heite nich un kommt nich zu späte heeme, falls de in der Nacht noch was passiert! Heert'r?!

Patschke. Ja, Meester Elzen.

Rese. Sagt e mal, hat denn 'Fritze den Sarg zu Bornscheins hingefahr'n?

Patschke. Ja.

Rese. Na, is e denn ooch recht hibsch geworden?

Patschke. Ja, Meester Elzen! — E wunderhibsches Särgelchen! — Mit versilberten Gleckchen un uf der een' Seite „Ruhe sanft" un uf der andern „Uf Wiedersehn". Scheene! — Bloß unsereener hat de Arbeit un 'n alten Bornschein is es doch egal, ob e 'neinfömmt! Ja!

Rese. E wird je wohl mit der ganzen Schule begrabn?

Patschke. Ja! Mit'n Glocken laiten se, un de Schuljungens singen un Meester Hassert geht mit sein' Musekanten vorneweg un de halwe Stadt geht mit. — No, un was is 'enn da weiter derbei, Meester Elzen? E paar alte Manns kriegen kalte Beene un sterbn weg. Ja. — Bei dem Wetter machen mer Geschäfte, Meester Elzen! Das is so e Wetterchen, wissen Se, wenn de nu noch so e kleener Landregen derzu kömmt, daß de so e paar Wochen lang de Blasen immer so uf'n Pfützen rumhippen, das is denn so e Wetterchen, das kriecht denn so ganz sachtchen, wissen Se, Meester Elzen, durch alle Thierritzen un alle Fensterritzen un immerall durch

4*

un nimmt so ganz stille, wissen Se, Meester Elzen, immer so een' nach'n andern weg, wer de nich takt=
feste is, Meester Elzen. Ja. — No, was is 'enn da weiter? Das kann kee Mensch ändern! Ja. — Sehn Se, Meester Elzen . . .

Emil (von seinem Buch in die Höhe). Ae, Patschke, quatscht nich so viel un macht daß'r naus kommt! — Ihr habt widder gesoffen! — Ihr verstänkert de ganze Stuwwe!

Patschke (Hand auf der Klinke). Ja, na . . . 'N Abend!

Rese. Patschke!

Patschke. Ja, Meester Elzen?

Rese. Wenn'r 'n Meester im Gasthause sehn solltet, denn sagt 'm doch, daß e zu Hause kömmt? — Mer hätten sei Abendbrot warm gestellt!

Patschke. Ja, Meester Elzen! — 'N Abend! (Ab.)

Rese. Der Patschke is e abscheilicher Kerl! Was der immer zusammenreb't! — Hach! Wenn nur nischt passiert mit Franzen! — Ich hawwe so 'ne Unruhe?!

Emil (ärgerlich, überlaut lesend). „Als das Mädchen wieder alleine war, wußte es sich nicht mehr zu raten und zu helfen und trat in seiner Betrübnis vor das Fenster. Da sah es drei Weiber herkommen; davon hatte die erste einen breiten Platschfuß, die zweite hatte eine zu große Unterlippe, daß sie bis übers Kinn herunterhing . . ."

Rese. Gott, na Emil! Mer könn' uns doch Deinetwegen nich 's Maul zubinden?!

Emil (ärgerlich). Ja, ja, ja! — Nich ne Seite kann mer runter lesen!

Rese. Ach, Du bist zu garst'g!

Emil. Ae, jawohl! Erscht kömmt der alte Sauf=sack Patschke un währt 'ne ewige Länge un denn reb'tst Du egal!

Rese. So sprichste mit mir? — Na, Du bist je hibsch art'g! — Gegen Dein' Vater wirste Tir so was nich unterstehn! Mit dem biste immer gut Freind! Awwer gegen Deine Mutter kannste Dir wohl alles rausnehm'n! Daderzu is se gut genung!

Emil (verlegen, trotzig). Nu, denn les 'ch eben nich mehr?! (Klappt das Buch zu.) Komm, Kleene! Mer gehn uf's Sopha un erzähln uns was! (Geht mit Marie=chen zum Sopha.)

(Pause.)

Rese. Na, so 'ne Unvernunft von Franzen! — Da soll mer nu Morgen frieh um finfe raus!

Pauline (lacht). Biste nich gewohnt! Was?

Rese (schrickt zusammen). Laiten se nich?!!

Pauline. Nee.

Rese. Heite Nacht kann mer sich uf alles gefaßt machen! (Seufzt. Strickt.) Du, was heite de Weiden=hammern erzählte, war doch zu scheene! — Bei dem scheints werklich im Oberstiebchen nich ganz richt'g zu sin! — Setzt sich in de... (Horcht.) Na nu gewiß, Pauline?!! — Se laiten?!! (Springt auf und geht schnell zum Fenster). Das is de Feierglocke?!! — Ach du großer Gott, behiet uns in Gnaden! — (Alle an die Fenster. Draußen Rufe: „Feier!! Feier!!") — Da! Da trappeln se schon von allen Seiten zusamm'! — Da is je ooch Patschke?! (Reißt das Fenster auf.) He!! Patschke!! Wo brennt's denn?! (Patschke von draußen durch den Wind: „Draußen vorm Thore, Meester Elzen! beim Miller Hecht!!") Na Gottseidank! Denn is es doch nich in der Stadt!! — He, Patschke!! Kömmt denn der Meester . . . Weg is e! (Schließt das Fenster, geht zu ihrem Stuhl zurück; desgleichen Pauline, Mariechen an ihrem Schürzenzipfel. Sie setzen sich. Emil bleibt am Fenster.) Nu frag 'ch een'! Kann sich Franz nu nich zu Hause scheer'n! — Mer weeß nich, was passiern kann!

Emil (vom Fenster). Da rumpeln se mit'n Spritzen verbei! — Mutter, derf'ch mit?!

Rese. Na, Du bist wohl nich gescheidt, Junge! Was Du ooch fer Ideen hast!

Emil. Na, was is denn da?!

Rese. Nu gar! Das könnte fehln! — Du bleibst mer hibsch hier! — Der Patschke, der Esel, wird doch nich etwa mitrenn'?! . . . Huch, Kinder! Nu heert doch bloß um Gotteswilln! — Na, da kann sich der alte Hecht frei'n! — O je! Der brennt doch runter bis ufn Boden! — Ach Gott, Pauline! Mir zittern doch ornblich de Hände! — Wenn doch nur Franz ersch da wäre!

Pauline. I!

Rese. Na, Vorwerfe brauch 'ch mer nich zu machen!

Pauline. Nu gar! — Willste Dich hinlegen, Mariechen?!

Mariechen (weinerlich). Nee.

Emil (vom Fenster weg). 'S klingelt! Der Vater kömmt!

Rese. Ach, mir fällt e Steen vom Herzen!

(Pause.)

Meister Delze (tritt ein, pfeift vor sich hin).

Rese (winkt Pauline besorgt zu). Ach!

Emil (ihm entgegen). Vater, 's brennt!

Meister Delze. Hähä! Ja! — Laß brenn' mei Sohn! — Laß de ganze Welt runterbrenn'! (Pfeift. Legt ab.) Na?! Habt'r Eich denn gut unterhalten alle Dreie? — Hähä! — Immer Biessticks aus Menschenfleesch un solche scheene Sachen? — Hähä! — Das is je so was fer Eich?

Rese (schüchtern). I nec, Franz! — De Mutter is nachher gleich eingeschlafen! — Soll ich Dir Abendbrot bringn?

Meister Delze. Danke, danke! (Auf und ab.) Hähä. — Na, ich hawwe mich ooch unterhalten im Gasthause! — 'S war sehre scheene! — Hähä. — Se hatten Dittekarln un de Pippine reingeholt un — hamm se — (Hustet) — besoffen gemacht! (Hustet.) Un denn — (Hustet.) — hat 'n Schmidts Christian Papierflitt'ge hinten usn Buckel gesteckt un — un hat se — verheirat't... (Lacht. Hustet.)

Emil (lacht belustigt).

Pauline. Na, solche arme Menschen, die ihrn Verstand nich hamm! — Grade als wenn mer nu mit'r Mutter so was machen wollte!

Meister Delze. Hä?! (Lacht. Seine Worte jetzt und im Folgenden fortwährend von Husten und einem nervösen

Lachen unterbrochen.) Un — un denn mußte Ditte=
karl Lieder zum besten gebn. Solche selbergemachten.
(Singt nach einer willkürlichen Melodie.) „O, du ver=
fluchtes Weib", sang e, „o du verfluchtes Weib!
Du hast mich unglicklich gemacht mit Deiner Liebe"!
(Lacht. Hustet.)

    Emil (lacht laut).

    Meister Oelze. Immer so in der gemietlichsten
Weise! (Lacht. Hustet. Singt.) „O, du verfluchtes ...
(Hustet.) ... o du verfluchtes Weib ... (Nervöses
Lachen.) ... Du hast mich — unglicklich gemacht ...
(Lachen. Husten.) mit deiner — Liebe ... (Lachen.
Husten.)

    Rese (schüchtern, besorgt). Gott, Franz! Wenn De
Dir nur nich mit dem Viere geschadt't hast!

    Meister Oelze. Geschad't? Ae wo! — Ich seh
nich ein — Hähä! — warum ich mir nich ooch emal e
Spaß machen soll?

    Rese. 'S is nur weil der Kreisphiesikus meente ...

    Meister Oelze. Ae, so e Doktor is fer de Katze!
— „O, du verfluchtes Weib" ... (Kommt vor Lachen
und Husten nicht weiter.) ... „Du hast mich unglicklich
gemacht — mit — deiner — Liebe" ... Ganz kreiz=
fidel sang e das? ... (Lachen. Husten.)

    Emil (lacht.) Du! Vater! — Vor e paar Tagen
hat Dittekarl Mariechen draußen vor der Thiere e Kuß
gebn wolln!

    Meister Oelze (ohne auf ihn zu achten, immer noch
auf und ab). „O du verfluchtes Weib" ... Nee!
Gelacht haww' ich doch? — Gelacht? (Lachen. Husten.)

Emil (schleicht sich hinter zum Sopha).

Pauline. Na, ich kann nu nich begreifen, wie mer immer so was lachen kann!

Meister Oelze. Hä?! — Nee, Du sitzt lieber hinten un läßt Dir was erzähln von een', den je vergißt't hamm un aus den je Viehstick gemacht hamm! Das is Dir interessanter! Wenn De darimmer so spintisiern kannst, hä?! (Lacht.) Nu, e jeder nach sein' Geschmacke! (Aergerlich. Wütend). Das riecht je hier so dunst'g! Das is enne Luft!! — Thiere us!! (Reißt die Thür auf. Wieder auf und ab.) Da hat mersch doch nich mit dumm' Leiten zu thun, im Gasthause? Die sin alle ganz gescheidt! Hähä. — Da heert mer doch was un sieht mer doch was von der Welt?! — Un da braucht mer doch nich ... (Stolpert über ein Fußbänkchen.) ... Hals un Beene zu brechen!! — Was is denn das fer ne Wirtschaft — verfluchte!!!

Rese. Gott, die Kinder ...

Meister Oelze. So! — Hä! — Sauwirtschaft — verdammte!!! — Du hast je wohl immer gar so viel zu thun! Du kannst je wohl nich e bißchen uf Ordnung halten!! — Hä?! — In's Gasthaus muß mer gehn, wenn mersch gemietlich hamm' will! (Lacht nervös. — Wieder auf und ab. Pfeift. Lacht. Singt dann.) — „O du verfluchtes Weib ..." (Lacht Hustet.) Ja, un denn sang e weiter, immer ganz gemietlich! (Singt.) „Jetzt geh ich hin un kaufe mir ein großes Messer un da schleich ich mich in der Nacht an dei Bette un — steche dich — toot!!!" (Lachen. Husten.) Hä?! — Da kann mer doch was sehn un heern?!

— Un denn war der alte, pensionierte Kanter aus Thaldorf da. Der hat so e hibschen Karfunkel im Genicke — hähä! —, der gliehte, wie so e Paradies= äppelchen! (Lachen. Husten.) E faut immer so an'n Worten: „Wischen Schie, isch könnte ja — e — in die Schtadt zschiehen — e, aber — e, isch habe da so ein altesch gutesch Pfärd, dasch mir zschehn Jahre treu gedient hat, und — e, deschwegen, hm, schehen Schie, deschwegen bleib isch auf dem Lande, bisch dasch dasch alte gute Tier geschtorben ischt"! (Lachen. Husten.) Un denn war der Windmiller Scheibe da, der Sozial= demokrate; der bewies haarkleen aus der Geschichte, daß der — Herr Jesus e Sozialdemokrate gewesen is, hähä! — Na, das is doch noch was? Da kann mer sich doch unterhalten? (Lachen. Husten.)

Pauline (lacht). Na ja, siehste! Da haste je Ver= gniegen de Menge gehabt. — Awwer ich dächte, De sprächst nich so viel? Das strengt Dich nur an. De heerst je nich uf zu husten?

Meister Oelze (auf und ab; pfeift, bleibt vorm Lehn= stuhl stehn; wütend). Das Bild is noch nich weg?!

Rese. Welches Bild ...? ...

Meister Oelze. Ich hawwe Dir doch gesagt, Du sollst die Photegraphie nimwerhängn in de gute Stuwwe?!

Rese. I bewahre, Franz? Wenn willste mir denn das gesagt hamm?

Meister Oelze. E Gedächtnis haste, wie ... wie so e alter Erpel!

Pauline. Na, der Vater hat doch immer da gehangen?

Meister Oelze (wütend). 'S soll weg!!

Rese. I ja, gedacht hamm ich ooch schon dran. 'S is schade um den scheen' Rahmen. Der verderbt hier ganz un gar. — Ja, Franz! Ich häng' es morgen nimmer! (Leise zu Pauline.) Bis doch stille, Pauline!

Meister Oelze (setzt sich in den Lehnstuhl, pfeift vor sich hin).

(Pause.)

Meister Oelze. Emil!

Emil. Was denn, Vater?

Meister Oelze. Komm doch e mal her?

Emil (kommt zu ihm hin). Was denn?

Meister Oelze. Komm doch e bischen her?

Emil. (tritt näher).

Meister Oelze (legt den Arm um ihn): Na? Wenn sin denn nu Deine Ferien alle, hä?

Emil. Nächsten Mittwoch.

Meister Oelze. Hast' enn ooch schon Deine Schularbeiten gemacht? Hä?

Emil. Die mach'ch die Tage. — Mer hamm nich viel aufgekriegt. — Der Lehrer sagte, mer sollten uns in 'n Ferien nur recht erholn!

Meister Oelze. Nu ja, nu ja. — Zu viel derfste ooch nich arbeiten. Das hat keen Zweck. Daderwor haste ooch Ferien. Awwer mach mer nur Deine Sachen immer recht hibsch ordentlich, heerste? — Wenn De jetzt ooch arbeiten mußt: nachher bringts widder ein, wenn De nachher e studierter Mann bist, hm? — Hähä! — In welcher Klasse biste denn doch nu schon gleich?

Emil. In Tertia.

Meister Oelze. Hä?

Emil. In Tertia!

Meister Oelze. Ja. In ... Wie warsch?

Emil. In Tertia!! Tertia!!

Meister Oelze. Tertia! Jawohl, Tertia! — In Tertia sitzt e. — Hähä. — Jedesmal is e mit versetzt un immer untern Erschten. — E hat e offnen Kopp. — Wenn De erscht e mal Paster bist? Hä?

Emil. Ae, Paster mag ich nich. So e alter Pfaffe! — Lehrer oder Dokter oder ... Ae! (Lacht.) Gar nischt, gar nischt, gar nischt!

Meister Oelze. I, laß doch, Emil? Bis nich so dumm? Die Pasters verdien's mehrschte Geld alleweile un hamm's allerwenigste zu thun?

Pauline. Na, awwer deshalb wird doch eener kee Paster?

Meister Oelze (spricht das erste Wort mit wütendem Nachdruck, mit dem er auf den Einwand Paulinens reagiert, ohne sonst von ihm Notiz zu nehmen). Paster!! — Wer'e Du nur Paster, mei Sohn! Heitzutage is de Hauptsache, daß eener 's mehrschte Geld verdient! Bis mer nur immer recht hibsch fleiß'g, nich wahr? — Hm? — Hähä hä. — Manches kann mer je, weeß Gott, manchmal gar nich lesen, was je lern' müssen? — Da hamm' je so was ... Ae! — Wie heeßt's doch gleich?

— Na? — Ae! — Griech'sch! Ja richt'ch: Griech'sch nennt mersch je wohl? Hä, Emil?

Emil. Ja, Griech'sch.

Meister Oelze. So enne Krakelei. 'S is eegentlich der reene Quatsch, daß se so was lern' müssen. Awwer 's geheert je doch nu e mal derzu? Bring doch e mal so e Buch her, Emil?

Emil (unlustig). Ach!

Meister Oelze. Na mache doch? Mache! Thu Dein' Vater doch e mal den Gefall'n? Lies der — Tante — Hähä! — mal was vor! Die freit sich ooch drivwer? — Nich wahr — Tante? — Hähä!

Emil (geht zum Schranke und holt ein Buch).

Meister Oelze. Komm mal her dermit?

Emil (kommt mit dem Buch zu ihm hin).

Meister Oelze. Zeig e mal? (Blättert.) Da! — Das! — Lies doch das e mal? Wie heeßt denn das? Hä?

Emil. J, das versteht'r je doch nich.

Meister Oelze. Na mache doch?

Emil. J, das kann ich aus'm Koppe! (Singend, quietschend, manchmal mit tiefer, gepreßter Stimme, manchmal mit der Fistel). Ho anthropos, tu anthropu, to anthropo, ton anthropon, o anthrope; hoi anthropoi, ton anthropon, tois anthropois, tus anthropus, o anthropoi, pi pu po pax bäbäbäbäh! (Klappt das Buch dicht unter der Nase zu, schneidet Fratzen nach beiden Seiten, wackelt mit dem Kopfe, streckt die Zunge heraus und bricht in ein unbändiges Gelächter aus.)

Meister Oelze. Na? Hä? — Wie e das so kann? Hähä. — (Zu Rese.) Gieb mer e mal Wein!

Rese. Wein?

Meister Oelze. Na ja? Mußte denn nach all'n erscht zehnmal fragen?! 'S muß doch noch enne halbe Flasche im Uhrkasten stehn?

Rese (zaghaft). Awwer der regt dich so uf heite Abend, Franz?

Meister Oelze. Na, das wird je wohl meine Sache sin?

Rese (holt den Wein).

Meister Oelze (schenkt ein; giebt Emil das Glas). Dä, Emil! Trink! Weil De's so scheene gekonnt hast. Hähä.

Emil (mit dem Rest zu Mariechen). Da Kleene! Trink ooch mal!

Meister Oelze (hustet, zieht ein Gesicht).

Pauline (räuspert sich; dann mit Nachdruck). Trink doch Dein' Wein alleene, Emil! Se wird bloß schwindlig davon!

Emil. Trink nur, Kleene! Trink! (Scherzhaft drohend.) Na?! Trinke mal gleich! — So! — (Trägt das leere Glas zurück.) Könn' mer nu de Thiere zumachen, Vater?! Mer friert bloß!

Meister Oelze. Mache zu.

Emil (geht und schließt die Thür).

Meister Oelze. Komm doch noch e bißchen her, Emil? — Komm e bißchen her zu Dein' Vater!

Emil (geht wieder zu ihm hin, setzt sich neben ihm auf die Ofenbank).

Meister Oelze. Hähä! — (Betrachtet ihn.) Laß Dich nur e mal nich dumm machen. Heerste? — 'S Fell muß mer 'r immer de Ohr'n ziehn, der dumm' Bande. Da kömmt mer am allerweitsten!

Pauline (lacht). Na, Du bringst Emiln was scheenes bei, Franz!

Meister Oelze (wieder mit jener stillen Reaktion gegen Pauline's Worte). Heere nur immer dadruff, was Dir bei Vater sagt! — Un denn: denn mußte — ... Ehrgeiz'g mußte sin! Siehste: die Bande hier, das ganze schmierige Volk, die müssen e mal unter Dir stehn! Nich mit'm Hintern sollste se anzusehn brauchen! Denn sollste mal sehn, mei Sohn, wie se komm'! Denn kriechen se Dir sonstwo 'nein, wenn De je nur recht verach'st! (Steht auf, geht pfeifend auf und ab.)

Rese. Willste etwa zu Bette gehn, Franz?

Meister Oelze (roh). Halts Maul! (Wieder eine Weile pfeifend auf und ab.) Hähä! Hä! — Was is denn das fer 'ne Gesellschaft hier? Was is denn das fer e Pack? — Die könn' weiter nischt wie mähren un mähren un klatschen! — Dumm sin se, wie de Sinde, un wenn se sich um e paar Pfenn'ge beschissen hamm' . . (Emil lacht.) da bilden se sich wer weeß was uf ihre Schlauheet ein. — Fer zu schlecht mußt De je halten, daß se Dir ooch nur de Stimweln putzen! — Hähä! — Uf zweeerlee mußte sehn: ufs Geld un daß De de mehrschte Gewalt hast; daß de Leite nach Deiner Pfeife tanzen un Du nich nach ihrer! — Alles andre is fer de Katze! — Das is nur der Speck, womit mer de Maise fängt! Hähä! (Auf und ab. Macht plötzlich Halt und sieht zur Thür hin. Dann zu Rese.) Na, gucke doch mal nach! 'S hat gepocht!

Rese. Gepocht?! (Erhebt sich, geht zur Thür hin und sieht hinaus) Nee! — Ist 'enn jemand da?! — Ob jemand da is!! — Nee! Kee Mensch! — 'S is alles stille! (Geht wieder zu ihrem Stuhl.)

Pauline. 'S wird der Sturm gewesen sin, Rese. Haste denn de Hofthiere hinten zugemacht?

Rese. Die is zu.

Pauline. Na, denn wirds wohl irgendwo durch= ziehn.

Meister Oelze (wieder auf und ab). Da thun se, als wenn's e lieben Gott gebn sollte. — Hähä! — Das is ganz schlau, mei Sohn? — Hähä! — Der liebe Gott is wie der Strohwisch usn Kerschbeem', mei' Sohn. Mit dem sagen die Leite zu'n dummen Spatzen: wollt'r mir aus mei'n Kerschen?! Hähä! Hä! (Hustet.)

Pauline. Nä, das hat schon mancher gesagt, Franz, un hat hernach kleene beigegeben!

Meister Oelz'e. So? Na da! — In welcher Altweiberspinnstuwwe hamm' se Dir denn das weiß gemacht? (Auf und ab.) Hähä! Hä! — (Langsam, mit spöttischem Nachdruck.) De Kerschen sin nischt fer de dumm' Spatzen! (Geht zur Ofenbank, schenkt sich von dem Wein ein, trinkt langsam, gegen den Tisch gewandt, aus.) Hähä! — Schmeckt ganz hibsch so e Glas Wein? — Willste De noch e mal, Paster? — Hähä. — Schenk Dir ein! — Hähä.

Emil (schenkt sich ein, trinkt).

Meister Oelze (wieder auf und ab; lacht vor sich hin; bleibt dann wieder stehn, und horcht nach der Thür). Na gewiß?! — 'S hat widder gepocht?!

Reje (steht auf): Na, wer soll denn awwer ... denn hätte mersch doch klingeln heern? (Zur Thür. Oeffnet.) Is denn jemand da?! — J, keen Mensch! — De hast Dich getaischt, Franz? (Geht wieder zurück.)

Pauline. Vielleicht is es enne Ahnung gewesen? Heite is je sowieso e richt'ger Gespensterabend?!

Meister Oelze. Hähä!

Pauline. Na Du gloobst freilich nich an Ahnungen, Franz!

Meister Oelze. Nee! — Hähä! —

Pauline. Na, Ahnungen giebts.

Meister Oelze. So? — Hähä! —

Pauline. Ja. Das laß 'ch mer nich nehm'n. Da is mer schon mehr wie eemal was passiert.

Meister Oelze (lacht. Setzt sich in den Lehnstuhl).

Pauline. Na, den Tod vom Vater, den haww ich doch damals vorausgeahnt? Hawwich Eich denn das schon e mal erzählt?

Reje. Den Tod von Tein' Vater? Nee!

Pauline. J, das war je sonderbar.

Meister Oelze. Hähä! — Na, denn könn' mer je gleich e mal e bischen Spinnstuwwe machen? Hähä.

Pauline. Ja, lache nur, Franz! Ich wollte mal Tei Gesichte gesehn hamm', wenn Dir das passiert wäre!

Meister Oelze. Hähä! — Na, erzähle nur. Mer sin schon alle gespannt. Jetzt biste je uß rechte Thema gekomm'! Hähä. — (Schenkt ein. Trinkt.)

Pauline (sieht eine Weile vor sich hin). Hu! Wenn ich so dran denke? (Schüttelt sich.) Zu sonderbar war das! — Zu sonderbar! ... Na! — Ich hawwe mich also ausgezogen un hingelegt un hawwe 's Licht ausgepust't un kann nich gleich einschlafen un liege nu so da un schmeiß mich rum, von eener Seite uf de andre, un 's is mer so heeß un bei jedem Laute schreck 'ch zusamm'. — Schon 'n ganzen Abend hatt 'ch so enne eigentiemliche Unruhe gehabt. — Na, un wie ich nun so ... Ja, nu muß 'ch awwer erscht noch sagen, daß 'ch ganz alleene in der Wohnung war un de Flurthiere zugeriegelt un ooch noch de Sicherheetskette vorgelegt hatte. — Also, wie ich denn nu so daliege un schmeiß mich so rum, da heer' ich mit eenem Male — de Kammerthiere war nur angelehnt — wie de jemand — mit so recht — schwer'n — Schritten — langsam — ganz langsam nebenan durch die Stuwwe schlurst! — Huch Kinder nee! — 'S inwwerleest mich heite noch, wenn ich dran denke! — (Meister Oelze lacht und plaudert mit Emil. Rese hört sehr aufmerksam zu.) Na! — Ich mache mich denn nu awwer stark un richte mich in de Heehe un frage so in's Dunkle 'nein — mer hatten enne Nacht, daß mer de Hand nich fer'n Oogen sehn konnte! — frage: „Is denn jemand da?!" — Keene Antwort! — Ich frage noch e mal: „Is denn Jemand da?!!" — Kee Laut! — Na, nu wurd' es mir denn awwer doch e bißchen graus'g zu Mute. — Ich sitze da, wie gelähmt un horche — un hor — che ... Und da!! — mit eenem Male!! — giebt's e Krach!! — grade als wenn so e Ge=

scherre mit aller Macht an'n Boden geschmissen wirde!
— Ich — in de Heehe! — Nach'n Streichhelzern
getappt, Licht angesteckt un nebenan! — Kee Mensch
da! Awwer uf'm Fußboden liegt die scheene Kaffeekanne
mit den Vergißmeinnicht, das hibsche, alte Familien=
erbsticke, das mir der Vater e mal geschenkt hatte un
is kurz un kleene, in tausend Granatstickchen! — Ja!
Un nu war awwer das das sonderbare derbei, daß se
ganz hinten uf der Kommode gestanden hatte un
ringsrum allerlee Kaffeetassen un Gläser un Tellerchen
un von alledem war ooch kee eenz'ges Stickchen kaput
oder ooch nur vom Flecke gerickt. 'S konnte je nur
jemand so ganz vorsicht'g rausgehobn un mit Absicht
an Boden geschmissen hamm. — Anders war's gar
nich meeglich. — Na, nu ging ich denn un suchte de
ganze Wohnung ab: kee Mensch da; de Flurthiere zu,
de Kette vor; alles noch so, wie's gewesen war. —
Na, was sagste daderzu, Franz?

Meister Oelze. I na, wer weeß, was Dich den
Abend ufgeregt hat, daß De e bischen dusslig im Koppe
gewesen bist. Hähä.

Pauline (ernst). Spotte nich, Franz! — Gott is
mei Zeige, daß alles ganz genau so gewesen is, wie
ich's Eich hier erzählt hawwe!

Meister Oelze. Na, das is schon meeglich? Ich
meene je eben: wer weeß, was een' nich alles 'n Abend
vor der Hochzeit passier'n kann? — Hähä. — Emil!
Willste noch mal? Tä! (Lacht. Giebt ihm Wein).

Pauline. Hm! — Das is nu awwer noch nich
alles! — Ich lege mich also nu widder hin un endlich

beruh'g' ich mich denn ooch widder un denke nur noch
so: 's wird am Ende doch wohl bloß enne Erschitt=
rung gewesen sin un puste 's Licht widder aus, un
denke, wie's doch schade is um die scheene Kanne, un
lasse mer so allerlei im Koppe rumgehn: was der Vater
wohl so macht un ob e wohl morgen zur Hochzeit
komm' wird un liege so un seh vor mich hin un liege
'ne ganze Weile. — Un da, wie ich mit großen Dogen
so vor mich hinseh' so ins Dunkle 'nein, da — uf
eemal — seh ich... Un nu soll mer de Hand hier
ufm Flecke verdorrn, wenn das erlogen is, was ich
Eich jetzt erzähle! — seh ich, wie von der Stuben=
thiere her — enne lange, weiße Gestalt....

Meister Oelze. Mit gelben Raffzähn' un grien
Dogen un Kralln an' Fingern un... Hähä!

Pauline. ... weiße Gestalt sich langsam, ganz
langsam quer durch die Kammer schiebt — Langsam,
ganz langsam so uf mei' Bette zu un am Fußende
stehn bleibt!... Ich siehle ornblich, wie mir de
Haare zu Berge stehn; un mei' Herze pocht, daß es
mir ornblich durch 'n ganzen Kerper schittert! — Ich
starre und starre! Wie angeschmied't!... Na, endlich
mach' ich mich denn auwer doch stark und reiß' mich
in die Heehe un denke: das Donnerwetter!! Das
muß doch irgendwie mit natierlichen Dingen zugehn?!
— Am Ende is es e Lichtschein? Auwer das war
nu gar nich meeglich, denn, wie ich schon sagte, mer
hatten enne stockdunkle Nacht. Un denn konnt' ich ooch
ganz deitlich unterscheiden, daß es Arme un Hände
hatte un e langen, weißen Vollbart un Dogen un 'ne

Nase. Nur de Gesichtszieje konnt' ich nich deitlich unterscheiden. Das glimmerte immer so weiß durcheinander wie faules Holz, das im Dunkeln leicht't. — Na, denk 'ch, sollte sich am Ende doch eener e schlechten Spaß mit Dir machen? — Ich will rufen: awwer ich kann keen' Mux von mir geben; nur so e Grunzen krieg' ich aus der Kehle. — Na! Ich beiß de Zähne zusamm' un in meiner Verzweiflung reiß ich mich in de Heehe, biege mich so vor un fasse mit beeden Händen nach dem Dinge. — Nischt! — De pure Luft! Das Ding awwer steht immer noch ganz stille un steif vor mir! — Na, nu brach mer awwer denn doch der Angstschweiß aus! Unters Bette, de Decke iwwer de Ohrn un so lieg ich un lieg ich un trau mir kaum Atem zu hol'n, un mei Herze schmeißt mich nur immer so — wupp! wupp! wupp! — von der Matratze in de Heehe. — So lieg ich denn, ich weeß nich wie lange, bis 'ch endlich widder e bischen Courage kriege un nehme so de Bettdecke e bischen weg, daß 'ch e mal Luft hole. — Un da — in dem Oogenblicke — thut's uf eemal dichte neben mir e langen, so recht, recht schweren Seifzer un — alles is weg! — Huch! (Gesicht in die Hände. Schüttelt sich.)

Rese. Herrgott, Pauline! Da wird een' je himmelangst!

(Pause.)

Pauline (langsam die Hände vom Gesicht nehmend, langsam, ergriffen). Ich dachte noch so: Da muß jemandem, der Dir recht nahe steht, was ganz Furchtbares geschehn sin; un — gleich nachher — kam von

Sich die Nachricht, daß der Vater — mit eenem Male — ganz unverhofft — gestorben wär'.

Meister Oelze (steht auf, geht auf und ab, lacht).

Pauline. Ja lache nur, Franz?

(Pause.)

Was ganz ähnliches is e mal enner Gutsbesitzers=frau in irgend so e Neste bei Gera passiert. Der ihr Mann war in de Stadt gegangen un hatte Vieh ver=kooft un ging nu mit 300 Thalern ungefähr, in 'ner Geldkatze, widder zu Fuß zurück. Da is e denn im Walde inwerfalln un totgeschlagen worden. — Der hat sich bei seiner Frau ooch so gemeld't. — Das war anwer am hellichten Tage. Sie sitzt in der Stuwwe un schneid't grade griene Bohn', grade der Thiere gegeninwwer, un de Thiere steht weit uff, daß de frische Luft aus'm Flur in's Zimmer kann. Un da, mit eenem Male, steht ihr Mann mitten in der offnen Thiere, un je wundert sich noch so, daß je 'n gar nich hat komm' heern un will 'n eben anreden, da thut e pletzlich ooch so e ganz tiefen, schwer'n Seifzer un is — weg! — Ja, da hat's ooch so geseifzt!

Rese. Franz! Du willst am Ende nu doch zu Bette?

Meister Oelze. Nee nee! — Hähä! — 'S wäre je jammerschade? — Jetzt, wo mer uns grade so hibsch unterhalten? — Hähä!

Pauline (lacht). Macht Dir das wirklich Spaß, Franz? — J, von solchen Geschichten weeß ich noch enne ganze Menge.

Rese. Ach, bis stille, Pauline! Wer kann sonst de Nacht nich schlafen. — Wirklich, mit so was kann mer sich um de Nachtruhe bringen! — De Spritzen sind doch noch nich widder zurück! — Na, Hecht brennt doch heite runter bis ufn Erdboden! — Bei dem Sturme is doch an kee Lejchen zu denken?

Pauline. Ich mechte doch wissen, ob das Feier angesteckt is?

Rese. I, das is schon meeglich?

Pauline. Der alte Hecht muß doch wohl manchen Feind hamm'?

Rese. I ja. So e beeser, jähzorniger Mann wie der? — Vor acht Tagen hat e je erscht noch e Knappen durchgedroschen, der 'n bemaust hatte un hat 'n ausm Hause rausgeschmissen. — Der hat meeglicher= weise das Feier angelegt.

Pauline. So? — Hm! — (Mit einem Blick auf Meister Oelze.) I, da fällt mer ein! Vielleicht könn' mersch rauskriegen, ob's der angelegt hat.

Rese (lacht). Ae Spaß! — Wie willste denn das rauskriegen?

Pauline. Na, gieb mer mal ne Bierflasche un Eire alte Hausbibel un 'n Hausschlijsel!

Rese (lacht). Na, was Du awwer ooch alles weeßt, Pauline?

Pauline. Na mache doch? Un wenn's sonst weiter nischt is, denn hamm' mer uns doch e Spaß gemacht?

Rese (lacht). Na, da bin ich awwer neigierig, was das nu widder is! (Steht auf und holt die gewünschten Gegenstände zusammen.)

Pauline. Wenn ich nämlich die Bibel oben auf'm Flaschenhalse in de Balance bringe un mache denn mit'm Hausschlüssel immer solche Kreise driwwerweg un spreche dazu leise e paar bestimmte Worte so vor mich hin, denn brauch' 'ch bloß den zu nenn', uf den ich Verdacht hawwe, daß e irgend was begangen hamm' soll, un wenn's denn der richt'ge is, denn fällt die Bibel mit eenem Male runter, ohne daß se e Mensch angeriehrt hat. (Rese hat die Sachen inzwischen auf den Tisch gelegt.) So! — (Alle, mit Ausnahme Meister Oelze's, gruppieren sich neugierig um den Tisch herum. Pauline erhebt sich, bringt die Bibel auf dem Flaschenhalse in Balance und nimmt den Schlüssel.) So! — Na, nu wolln mer mal sehn! — Jetzt geht e mal alle e bißchen vom Tische weg un verhalt't Eich ganz ruh'g! — Nich lachen! Du mußt nich lachen, Emil! — Alles — ganz — ruh'g! — Wie hieß e denn, Rese?

Rese. Nordmann.

Pauline. Gut! — So! — (Beschreibt mit dem Hausschlüssel langsame Kreise über der Bibel und brummelt dabei vor sich hin. Nach einer Weile klappt die Bibel auf den Tisch.)

Pauline (ernst). Danach is e's gewesen.

Emil. Ach, Tante! Du hast an Tisch geschubbst!

Pauline. I, wie kannste denn das sagen, Emil? Ich hawwe je e ganzes Stücke vom Tische abgestanden.

Meister Oelze. Emil! Komm her! — Quatsch dummer!

Pauline (sieht ihn an). Uf die Art is schon manches ans Tageslicht gekomm', Franz!

Meister Delze. So? — Hähä! — Uf die Art kömmt bloß Deine großart'ge Dummheet ans Tageslicht un weiter nischt!

Pauline. Da sin schon Brandstifter un Diebe un alles, sogar Mörder entdeckt worden.

Meister Delze. So. — Hähä!

Rese. Na, da gloob ich nu ooch nich dran, Pauline! — Wie soll mer sich denn das erklärn?

Pauline. 'S is manches unerklärlich, Rese.

(Pause, während welcher Pauline wieder, wie in Gedanken, das Experiment mit dem Hausschlüssel macht. Plötzlich fällt die Bibel scharf und hart auf die Tischplatte. Pauline thut einen Aufschrei und stützt sich einen Augenblick gegen den Tisch.)

Rese (die sich wieder gesetzt hatte). Herrjees!! Was hast 'enn, Pauline?!

Pauline. Nischt! Nischt!

Rese. Gott, nee! Haww' ich mich erschrocken!

Pauline. Franz ooch! E is ornblich zusammengezuckt!

Meister Delze. Unsinn! — Quatsch verrückter!

Pauline (lacht). Awwer, Franz?! Stelle das doch nich in Abrede?! Leichenblaß biste je geworden?

Meister Delze. Hähä! — So? — Gloobste?

Rese. Ach Gott, Kinder! — Nu heert awwer uf! Mer wird zuletzt selber ganz koppverdreht!

Pauline. Franz, ich wette, daß De Dich jetzt nich uf'n Flur nauszugehn traust!

Rese. Na, das wär' ooch e scheener Unsinn! Ich könnt' es jetzt, wahrhaft'g'n Gott, ooch nich!

Pauline. Ich seh Dersch je an, Franz? Du bist je ganz ufgeregt?

Meister Oelze. Ach, Du denkst wohl, mer sin hier alle so dumm wie Du?

Pauline. Ich traue mich naus! (Lacht.) Jede Wette, die De willst, geh ich mit Dir ein, Franz! Jetzt trauste Dich nich naus! — Denke mal, Franz? Wenn De jetzt usn Flur nauskömmst un 's käm Dir uf eemal so enne weiße Gestalt entgegen hinten vom Gottesacker her, wie mir damals? Un 's stechnte mit eenem Male so dichte neben Dir uf? Na? — Das is kee Spaß? — Gloobe nur!

Meister Oelze (steht langsam auf). Hä! Hähä! — Na, das könn' mer je mal sehn?

Pauline. Hm? Na, da wär' ich doch neigierig!

Meister Oelze (zu Emil). Siehste, mei Sohn? Daß De siehst, was das alles fer e Quatsch is: jetzt geh ich hinter in Garten, in de Werkstatt, un hole 's Kreisblatt, das ich heite hinten hawwe liegen lassen un de wirst sehn: ich wer'e widder komm' un 's is mer kee Staar in' Hintern geflogen. —— Hähä!

Pauline (aufgeregt). Nee, da bin ich doch werklich neigierig?

Meister Oelze. Hä! Hähä! — (Geht auf die Thür zu.)

Rese (ängstlich). Gott, Franz! Macht doch nur nich solchen Unsinn! So aus der warmen Stuwwe in'n Zug 'naus! De kannst Dich in Tod 'nein erkälten!

Meister Oelze (öffnet die Thür).

Rese. Geh nich, Franz!!

Meister Oelze (nervös). Verhalt' Dich ruh'g!!! — Dummes Frauenzimmer!! (Ab.)

Pauline (lacht aufgeregt). E geht! — Wahrhaft'g'n Gott! E geht!

Rese (nachrufend). Franz!! — (Geängstigt.) Ach, das geht je nich! Das geht je nich!

Pauline (wie eben.) Laß 'n doch, Rese? E wird gleich wibber retour komm'!

Rese. J Gott, Pauline! Ich weeß ooch gar nich, wie De nur bist! Ihr solltet doch nich so' e Unsinn machen! — Was hat denn das fer e Zweck! — Mer weeß nich, was passiern kann!

Pauline (lauscht; lacht). Laß doch! — Is je Spaß!

Rese (lauscht). Jetzt, wo e noch derzu so ufgeregt is von dem Biere un von Deiner Erzählerei un denn hat e ooch noch den Wein getrunken! — Das is e je gar nich gewohnt! — Mer wolln nur wenigstens de Thiere uflassen, daß e Licht hat!

Pauline (steht auf; geht lauschend auf die Thür zu). Jetzt klappte hinten de Thiere! — Nu — bin ich — gespannt ...

Rese. Wenn e in der Dunkelheet gegen was rennt!

Pauline. Is je Mondschein.

Rese (abwechselnd lauschend und sprechend). Gott nee! — 'S is wahr! — Wenn mer so ufgeregt is!

Pauline (nervös). Stille doch! (Lacht in sich hinein.)

Rese. ...'S braucht nur — e Papierschnitzelchen — oder — e Strohhalm inwern Hof zu raschelu —

un e kann — e Schreck hamm — ... Oder wenn de Mutter mal unversehens uffschreit?!...

Pauline. Stille! ... (Sie steht in großer Aufregung neben der Thür; zupft an ihrem Schürzenzipfel herum und lacht fortwährend vor sich hin.)

Emil (hat sich gleichfalls zur Thür hingeschlichen.)

(Alle verhalten sich jetzt ganz still und lauschen. — Plötzlich von draußen ein lautes, grelles Schreien, das anhält, deutlicher wird und sich der Thür nähert.)

Rese (fährt auf). Ach Gott??!!! (Bleibt wie erstarrt stehen. Die Kinder schreien auf.)

Meister Oelze (taumelt im schnellen Lauf herein, bis zum Ofen hin, fortwährend schreiend.)

Rese. Großer Gott!! — Franz!! — Was hast 'enn??!! — Ach, siehste, Pauline!! (Schnell auf Meister Oelze zu, der zitternd und schwer atmend in größter Aufregung, mit dem Rücken gegen die Thür, laut stöhnend, gegen den Ofen lehnt.) Franz!! Was is Dir denn?!!

Meister Oelze (mühsam). Ich — hawwe... Ich... (Taumelt.)

(In diesem Augenblick schlägt die Thür mit einem lauten Krach ins Schloß von einem heftigen Windstoß. Mariechen klammert sich aufweinend an Pauline an.)

Meister Oelze (mit einer jähen Wendung und einem lauten Angstschrei gegen die Thür herum.)

Rese. Franz!! — 'S is je nur der Wind?!!

Meister Oelze (taumelt; stöhnt. Alle auf ihn zu).

Rese. Gott!!! — 'S — leest 'm je — Blut?!! — aus'n Mundwinkeln??!!! — Blut??!!!

Meister Oelze (greift mit beiden Händen gegen die Brust. Schlägt an der Ofenbank nieder).

Rese (schreit). Großer Vater im Himmel!!! — Der Mann kriegt je 'n — Blutsturz??!!!
Emil (weint auf). Vater!! — Vater!!
Mariechen (weint laut, an Pauline geklammert).
Rese (heult auf). Himmlischer Vater!! — Der Mann — kriegt 'n — Blutsturz?!!!
Pauline. Stille! — Stille!
Rese (um Meister Celze beschäftigt). 'N Doktor!! — — 'N Doktor!!

Dritter Aufzug.

Nacht, gegen Morgen. Die Rouleaux sind heruntergelassen. Auf dem Tische steht, zwischen Arzneiflaschen, Wassergläsern, Weingläsern, einer Flasche Wein, einem Eiskübel u. s. w. die brennende Lampe. Um die Glocke ist ein Stück Zeitungspapier gesteckt, das Licht zu dämpfen. — Rechts, im Vordergrunde, an Stelle des Lehnstuhls, ein Bett parallel mit dem Hintergrunde aufgestellt. — Durch die Rouleaux dringt ein mattweißes Zwielicht ins Zimmer von dem langsam nahenden Tage.

Meister Oelze liegt im Bett, mit einer Wolldecke zugedeckt. Mit der Brust liegt er frei. Pauline sitzt beim Bette auf der Ofenbank. Rese sitzt beim Tische. Sie ist eingeschlafen.

Meister Oelze liegt in einem unruhigen Schlummer, zuckt mit den Händen, zupft krampfig an der Bettdecke, bewegt die Lippen, dreht den Kopf, fängt an, undeutlich vor sich hin zu reden.

———

Pauline (erhebt sich leise und beugt sich, scharf und interessiert beobachtend über Meister Oelze. In großer Aufregung, flüsternd). Hm! — 'S wird alle! — 'S wird.... (Wirft Rese, den Finger am Munde, immer in der ersten Stellung, einen forschenden Blick zu, beugt sich dann wieder einen Augenblick über Meister Oelze; dann) Rese! — (Wartet, Rese beobachtend; dann noch einmal) Rese!!

Rese (emporschreckend). He?!!

Pauline. Du schläfst je ein?

Rese. Is e Umschlag...

Pauline. Nee! — E is jetzt... Hm! — E is jetzt soweit — ruh'g!

Rese. Hach! — Ich — bin zu abgespannt!

Pauline. Na ja! — Ich wollte Dir eben sagen: leg Dich doch e bißchen hin?

Rese (müde). I, Du mußt's je eegentlich neet'ger hamm wie ich, Pauline! — Du bist je de ganze Zeit nich von 'm weggekomm'.

Pauline. Geh nur! — Leg Dich e paar Stunden hin! — 'N Tag inwer haste nachher genung in der Wirtschaft... (Unterbricht sich, nach Meister Delze hinhorchend.) .... genung zu thun! — Geh!

Rese (erhebt sich schwerfällig). Du hast 'ne Natur, Pauline? — Nerven haste doch wie von Eisen! — (Aufs Fenster zu.) Ob mersch Fenster e bißchen usmachen? — 'S is so 'ne dumpfe Luft hinne!

Pauline. Gewiß? — Was soll denn das schaden? — (Vom Bett her mit leichter Ungeduld.) Awwer das kann ich je alles alleene machen! Leg Dich nur schlafen!

Rese. Na laß nur! (Zieht ein Rouleaux auf und öffnet einen Fensterflügel.) Ach die hibsche, frische Luft! — Un der Himmel so klar! — 'S giebt e prachtvolln Tag heite! (Lehnt sich einen Augenblick zum Fenster hinaus. Von weitem das Nachtwächterhorn mit einem langgezogenen, hellen Ton, der sich nähert, und, stärker werdend, mehrmals wiederholt. Rese tritt wieder zurück.) Alles stille draußen! — Wie ausgestorbn! — (Ins Zimmer zurück.) Brrr! — Mich iwwerleest's! — Das is Iwwerreizung! — Mer is je das gar nich gewohnt, das lange Aufbleiben!

Pauline. Na ja! Drum leg Dich nur e paar Stunden hin!

Rese (tritt aus Fußende des Bettes). 'S is mer doch — eigen, daß e ... daß e nu (Schürzenzipfel am Auge.) ... fortsoll! ...

Pauline (ungeduldig). Na Gott! — Hm! — 'S kömmt Dir doch wenigstens nich ganz unverhofft!

Rese. Ae, wenn ooch! — Gucke! — Gucke mal! Wie e immer schon so an der Bettdecke zuppt! (Beunruhigt.) Un ... un ... wie de — Brust geht?! — das — fliegt alles nur so! ... Un als wenn's drinne kochte! ... Heerste? — Un die Oogen — Wie die sich immer so drehn! — Du! — Wenn nur ... 'S wäre am Ende doch gut, wenn ich bliebe!

Pauline (wie vorhin). J, das is 'es Fieber! — Das hat weiter nischt zu bedeiten! — Das is gar nich gesagt, daß es so rasch mit 'm kömmt! — Deshalb kannste Dich ruh'g enne Weile hinlegen! — E kann's noch bis zum Abend machen!

Rese. Ach Gott ja, Pauline! Wenn e nu schon eenmal fortmuß: wenn e sich denn doch nur nich noch so zu quäl'n brauchte! — 'S is mer allemal wenn e so nach Luft ringt un ampelt, als ob sich mir alle Eingeweide umkehrten, als ob 'ch selber erstickte! — Wenn's der liebe Gott doch nur nich mehr so lange währ'n läßt! (Pause. Beide beobachten.) Du! 'S is doch merkwird'g: e hat Dich doch immer um sich rum hamm' wolln! E hat Dich doch gerne gehabt, siehste!

Pauline (lacht). Na ja.

Rese. Na, 's is wahr!

Pauline. Ja ja! — Awwer nu leg Dich nur hin!

Reje (gähnt). Na... denn — Ja! — E Weilchen! — Wenn was is, denn kannste mich je rufen!

Pauline. Ja ja.

Reje. Wie e egal vor sich hinred't! — Ach Gott! — Ich gloobe nich, daß 'ch wer'e schlafen könn'! (Kramt noch auf dem Tisch umher.) Wie is denn mit e Umschlage?

Pauline. Ae, woll'n jetzt nich steer'n! — Geh nur!

Reje. Na denn — so lange... Hach ja! (Ab.)

Pauline (bleibt noch eine Weile über Meister Oelze gebeugt, erhebt sich dann, thut ein paar Schritte ins Zimmer, reckt sich, stöhnt und tritt ans Fenster).

Meister Oelze (wendet sich im Schlummer, klappt mit der Hand auf die Decke und schwatzt vor sich hin).

Pauline (wendet sich schnell, geht wieder eilig zum Bett hin und beobachtet Meister Oelze).

Meister Oelze (im Schlaf, mit hastiger, fiebernder Stimme). Emil! — Emil! — Fix, jag doch e mal das Gespenste weg!

Pauline (leise an ihren alten Platz zurück, beugt sich zum Bette hin).

Meister Oelze. Jag's weg! — Jag's weg! — Das is — das is — der Vater... Wer... wer hat denn... wer hat denn die — Schteene uf mich gelegt!! — Pauline, nimm je weg!! — Nich, nich, nich uf mich falln!! — Du bist so — schwer! — So heeß!! — Soo — heeß!! — Du brennst mir alle — Luft aus!! (Stöhnt laut.)

Reje (tritt geräuschlos, in der einen Hand ein Tellerchen

mit einem Glas Glühwein, in der andern die Holzpantoffeln, ins Zimmer). Pauline! — Ich...

Pauline (ärgerlich, mit einer ungeduldigen Wendung zur Thür hin). Was willst 'enn?!! — Da leg Dich doch hin!!

Rese. Ich hawwe Dir wenigstens e Glas Glieh=wein gemacht?!

Pauline. Ae, stell's hin!

Rese. Ich will's hier neben Dich uf de Ofenbank stelln!

Pauline. Gut, gut!

Meister Oelze (wie vorhin). Das is e Aas... das is e Weib... Hähä!

Rese (am Bette). E spricht widder im Schlafe.

Pauline (verdrießlich). Ae!

Meister Oelze. Ach, die Schteene! — Die Schteene!! — Die Last... (Stöhnt.)

Rese (mit bebender Stimme). Armer Franz! (Schürze an der Nase.) Ach, 's is zu schrecklich, Pauline!

Pauline (ungeduldig). Ja ja! — Leg Dich nur hin! — Ich will schon mit 'm fert'g wer'n! — Du hast nich lange Zeit zum Schlafen? — Mer hamm' balde Tag!

Rese. Na denn... Laß nur nich kalt wer'n? (Auf den Zehen ab.)

Pauline (beugt sich wieder gegen Meister Oelze hin. Dann lehnt sie sich zurück, reckt die geballten Hände nach den Seiten, stöhnt auf in Ermüdung und Aufregung) Aach! — Aach!

Meister Oelze (wird wieder unruhig. Schwatzt schnell vor sich hin. Lacht).

Pauline (wieder gegen ihn vor).

Meister Oelze. Ja... Ich... Ich muß, ich muß — ich muß es 'r sagen, Emil... (Stöhnt gequält; wirft sich herum.) Ich muß je doch... Nee nee nee... Nee — Weene doch nich, mei Sohn... Kee Wort sag'ch... Kee Wort... Bis stille... Paster sollste wer'n... Hähä! — Paster... Laß je... Die sagt keen' was... Die is verrickt... Hähä! — Alles soll Deine... Alles... Hähä! — Na?... Na??!!... Du — bist von Feier!! —.. Was hauchst 'enn mich an?!... Nich, Du — Du Aas — Du... Nich!! — Weg!! — Du — verbrennst mich!!! — Luft!!! — Wer bohrt mir denn das gliehnde — Eisen — in de — Brust?!! — Luft!!! — Luft!!! — (Stöhnt, wirft sich herum.)

Pauline (schnell zurück).

Meister Oelze (wirft sich in die Höhe, wird wach; ängstlich). Keener — da?!

Pauline (ein wenig vor). Ich, Franz.

Meister Oelze. Pauline?

Pauline. Ja. — Kannste mich denn nich erkenn'? Hm?

Meister Oelze (mühsam, ängstlich). Wo — is denn — Rese...

Pauline. Se hat sich e bißchen hingelegt. Ich bin ganz alleene da.

Meister Oelze. Was... Was willst 'enn von mir?

6*

Pauline. Dich pflegen, Franz?

Meister Oelze. Du? — Mich pflegen? — Hähä! — (Aengstlich.) Was... Was is denn das — Helle immer mir?!

Pauline. Der Vater!

Meister Oelze. Nimm's weg! — 'S sieht aus — als wenn — sich eener — gehenkt hat...

Pauline (nimmt das Bild fort).

Meister Oelze. Is noch — weit bis zum — Tage?

Pauline. 'S is gegen Morgen!

Meister Oelze (stöhnt; wieder unruhig). Mach's Fenster uf! — 'S is — so stick'g!!...

Pauline. 'S is je auf? — 'S kömmt zu viel kalte Nachtluft rein?

Meister Oelze. Noch eens!

Pauline (geht und öffnet noch ein Fenster).

Meister Oelze. Weit! — Weit! —

Pauline. So! — (Kommt zurück.)

Meister Oelze. Nich — so nah!... 'S wird mer — so — enge!...

Pauline (rückt herum auf die Ecke der Ofenbank; sitzt stumm).

Meister Oelze. Hamm' ich was gesprochen?

Pauline. Ja.

Meister Oelze. Was denn?

Pauline. Ach...

Meister Oelze. Was denn!

Pauline (nach einer Weile). Alles durchenander! — Mer konnt' es — nich verstehn!

Meister Oelze. Du lügst!

Pauline (ihn ansehend). Anwer -- nee?

Meister Oelze. Weibsvolk... (Liegt eine Weile still.) Trinken...

Pauline. Mal Wein?

Meister Oelze. Trinken! — Trinken! —

Pauline (holt ein Glas Wein vom Tische). Da!

Meister Oelze. Rück mich — hoch...

Pauline. Ja! — Warte!

Meister Oelze. Du — traust mich — wohl nich — anzufassen? — Hähä...

Pauline. Ach gar! (Rückt ihn mit dem Kopfkissen höher.)

Meister Oelze (beobachtet sie). Als hätt 'ch Gift — an mir — hä? — Hähä...

Pauline. Trink doch, Franz?

Meister Oelze. Hähä... (Trinkt.)

Pauline (läßt ihn wieder zurücksinken). Zeig mal? — Ae! — Mer — missen 'n frischen Umschlag uflegn! (Entfernt den alten Umschlag.) Hu, der glieht! — Du hast Fieber!

Meister Oelze (mühsam). Faß'n mit — zwee Fingern.... Ich hamm — uf'm Leibe gehabt.... hähä...

Pauline (am Tische, den neuen Umschlag in den Kübel auswringend). Du thust je, als ob 'ch mich vor Dir ekelte, Franz?

Meister Oelze. Hähä. — Das — is voch...

Pauline (kommt mit dem Umschlag). Komm! (Legt ihn auf seine Brust.)

Meister Oelze. Wisch Dir — de Hände — ab... Hähä... 'S is — Gift dran...

Pauline. Ach, Du solltest nich so viel sprechen, Franz! (Setzt sich.)

Meister Oelze. M!

(Pause.)

Meister Oelze. Is — der Dokter — dagewesen...

Pauline. Nee! — 'S is je noch in der Nacht?

Meister Oelze (sich besinnend). Ach ja.

(Pause.)

Was — hat e denn — gesagt — gestern...

Pauline. De weeßt je.

Meister Oelze. Ae! — E hat noch — mit Eich — gesprochen...

Pauline. Mit uns?

Meister Oelze (ungeduldig). Ich haww' es — gesehn... Was hat e denn — gesagt...

Pauline. I.

Meister Oelze. Du wirst's mir doch — nich ver — heimlichen wolln? — Hähä. —

Pauline. Gott, Franz! Was soll e denn weiter gesagt hamm?

Meister Oelze. Ich muß — sterbn?

(Pause.)

Pauline (ernst, hart). Ja, Franz!

(Pause.)

Meister Oelze. Rück mich — hecher...

Pauline. So!

(Pause.)

Meister Oelze. Heite noch?

Pauline. Ja.

(Pause.)

Meister Oelze (sehr unruhig). Ja. — Das stimmt — Ich fiehl' es. — Keene — Stunde — mehr... (Eine Weile still.) Na? — Nu hast' es je so weit? — Du — hast mich — kaputt gemacht...

Pauline (bleibt stumm).

Meister Oelze. Geh weg!! — Geh!!

Pauline (erhebt sich langsam). Ich will Dir Resen schicken. (Thut zögernd ein paar Schritte auf die Thür zu.)

Meister Oelze (bemüht sich aufzurichten, ängstlich). Du willst — weg?! Nee, nee... Bleib! —

Pauline (bleibt, wie zweifelnd, stehn).

Meister Oelze (der wieder zurückgesunken ist). Nich — alleene lassen... Komm — widder — her...

Pauline (geht zu ihrem Platz zurück).

Meister Oelze. Erst — vorbei... Vorbei... Nachher — is es — aus... Nachher — bin ich — Treck... Aaaach!!...

Pauline (zu ihm hin). Drickt Dich was, Franz? — Hm?

Meister Oelze (ängstlich). Was... Was — willst 'enn — von mir?! — Rese! — Rese! —

Pauline. Haste denn Angst vor mir, Franz? — Ich thu' Dir nischt, Franz. — Was De an mir gethan hast un an mein'm Bruder, trag' ich Dir nich bis hierher nach! — Der liebe Gott hat uns je ooch so nich ganz un gar im Stiche gelassen. — Drickt Dich das etwa, Franz?

Meister Oelze (ängstlich). Nich... Nich so — nah!... Nich so — nah!...

Pauline. Solln mer etwa zum Paster schicken, Franz?

Meister Oelze. Warum denn? Warum denn? — Hähä! —

Pauline. Ich dachte, 's wäre Dir enne Erleich=trung, wenn De 's heilige Abendmahl noch e mal nähmst?...

Meister Oelze. Un—sinn...

(Pause.)

Pauline. Oder is es etwa wegen der Mutter, Franz? — Wie's e Sohne geziemt, haste se je freilich nich immer behandelt in ihrn alten Tagen...

Meister Oelze (starrt vor sich hin; fiebernd). Stille mal! — Merkste nich?! — Der — Tod is hinne!! — (Wirft sich in die Höhe.)

Pauline. Wer is hinne, Franz? — Du phan=tasierst je!

Meister Oelze. Ja, ja... Nich... Nich — phantasiern!... (Haftig.) Pauline!

Pauline (zu ihm hin). Hm?

Meister Oelze. Pauline! — Komm... Komm mal — her...

Pauline (näher). Na, Franz?

Meister Oelze. Pauline...

Pauline (mit zitternder Stimme). Hm? Willste mir — was anvertraun, Franz?

Meister Oelze (haftig). Ja! — Ja!... H!! — Luft!! — Luft!! — Ganz — dichte — ran... So!

— Soo! — Pauline! — Ich — muß Dir was — sagen... (Fiebernd.) He! — He! — Thu mir nischt! — Geh mal weg, Du da drinnw'n! — Ich... Ich muß das doch — erscht — los — wer'n — die — Schteene... Ich muß doch... hähä! — Hähä! — M! — Nich — phan — ta — siern!!... (Hastig.) Pauline!! — Pauline!! — Rasch! — Fix! — Ich... Ich — ha — be... — (Beobachtet sie scharf und mißtrauisch). Was... Was machst 'enn jer — Dogen??!

Pauline (seufzt ungeduldig). Gott, Franz! — Was soll ich denn nur jer Dogen machen?

Meister Delze. Solche — gierigen — Dogen...

Pauline. Ach... Arwwer Franz!...

Meister Delze. Du bist — enne — Kanallje!!

Pauline (lehnt sich, aufseufzend die Stirn runzelnd, zurück).

Meister Delze. Fort! — Fort! —

Pauline (steht auf und geht nach dem Hintergrunde zu, so daß ihm ihr Anblick durch den Ofen entzogen wird).

Meister Delze (in größter Unruhe). Du! — Gott! ... Du! — Gott!... Vergieb mir! Vergieb mir! ... Was hawww' ich gesagt?... Hähä!... Quatsch! — Quatsch! — Hähä! — Aaah!! — Aaah!! — Kanallje!! — (Wie weinend.) Kanallje!! — (Liegt still; lacht plötzlich wie über einen Einfall.) Pauline? — Pauline?! —

Pauline (wieder auf ihn zu). Ja?

Meister Delze. Komm doch — her...

Pauline (setzt sich wieder zu ihm). Hm?

Meister Delze. Ganz nahe...

Pauline (beugt sich zu ihm hin).

Meister Oelze (ironisch). Na? — Na? — Hähä! — Hähä! — Hä! — (Langsam, in seinem alten, ironischen Ton). Du kannst widder gehn.

Pauline (rückt wieder von ihm ab, auf die Ecke der Ofenbank).

Meister Oelze. Hähä! — Angesiehrt hamm' ich Dich? — Was denkst 'enn, das ich Dir — sagen soll?

Pauline (lacht). Na siehste, Franz? — 'S is am Ende noch gar nich so schlimm! — Wenn De noch — Späßchen machen kannst?

Meister Oelze (unruhig; wieder wie im Fieber hin und her; stöhnt, dann). Pauline? — Komm doch — noch e mal — her . . .

Pauline (wieder dicht zu ihm hin). Nu?

Meister Oelze. Ganz dichte . . .

Pauline. Na jo!

Meister Oelze. Gieb mir mal — Deine — Hand . . .

Pauline (reicht ihm die Hand hin). Na?

Meister Oelze (kratzt ihr über die Hand).

Pauline (zieht rasch die Hand weg, besieht sie, lacht). Nu gucke?! — Du hast mich je gekratzt, Franz?! — Na jo was! — E langer, roter Riß! — Iwwer de ganze Hand weg! — Das macht, weil Deine Nägel so lange nich beschnitten sin! — Hehe! — Nee awwer so was?! — Ich hätte gar nich gedacht, daß De noch so viel Kraft hast? — 'S thut ordnlich weh? — Hehe!

Meister Oelze (mühsam). Wenn ich — mehr Kraft

— hätte . . . hätt' ich Dich — mit 'm — Messer gestochen! . . .

Pauline (lachend). Ja, das gloob ich, daß Du solche Geschichten machst, in Dein' — Fieber! Hehe!

Meister Oelze. Kanallje!

Pauline (erhebt sich). Na Franz! Ich will awwer doch lieber gehn un will Dir Resen herrufen!

Meister Oelze (aus seiner Fieberunruhe, ängstlich). Willste — naus?!

Pauline. Ja, Franz! — De regst Dich am Ende doch zu sehre imwer mich uff!

Meister Oelze (wie vorhin). Nee! — Nee! — Bleib!!

Pauline. Ich bin wirklich ooch zu — marode! Se kann mich e bißchen ableesen!

Meister Oelze (mit gesteigerter Unruhe). Nee! — Bleib! — Bleib!! —

Pauline (setzt sich langsam, ihm abgewandt, wieder auf die Ofenbank. Nach einer Pause). Acht Tage lang haww' ich kee Doge zugethan.

Meister Oelze (ruhiger). Geh nich — weg von mir . . .

Pauline. Na siehste, Franz! Un doch biste immer so zu mir! (Ernst.) Schimpfst uf mich, uf Dein' Toten= bette noch! — Un mer meent's je doch nur gut mit Dir?

Meister Oelze. Ja, ja . . . . Nich — weg= gehn . . .

Pauline. Na? — Nich wahr? — Warum wolln

mer denn ooch jetzt noch so zu enander sin? Gelte Franz?

Meister Oelze. Pau — li — ne . . .

Pauline. Na? — Hm?

Meister Oelze (haftig, fiebernd). Was . . . Was geht denn da am Fenster hin?!

Pauline. Am Fenster? — Wo denn? — Nischt! Ich sehe nischt, Franz!

Meister Oelze. 'S hat so e langen, weißen Bart! . . .

Pauline. Wo denn? Das da am Fenster?

Meister Oelze (schnell, ängstlich). Ja, ja.

Pauline. Ach, das is je bloß . . . (Zögert. Dann geheimnisvoll.) Ja! Das is der Vater, Franz!

Meister Oelze (wie vorhin). Ja, ja! Der Vater . . . Komm doch her zu mir, Pauline? — E will je . . . (In höchster Angst.) Nee!! — Nee!!

Pauline (sich zu ihm hinbeugend). Nee, nee! Bis nur ruh'g! E darf D'r nischt thun!

Meister Oelze (sich gegen sie drängend). Gucke doch?! — Gucke doch?!

Pauline (in der vorigen Stellung, flüsternd, geheimnisvoll). Ja, ja!

Meister Oelze. Du! — Ich weeß, was e von mir will?

Pauline (erregt). Hm? — Was — will e denn von Dir, Franz? — Hm?

Meister Oelze. Weeßte denn nich! — De derfst's awwer keen' sagen! — Ich hamm'n je . . . Hehe! . . . Ich . . . Ich hamm'n je . . . Hehe! . . . Hehe! . . .

Pauline (wie vorhin). Hm? — Was — haste, Franz?

Meister Oelze (laut, angstvoll). Du!! — E — kömmt!!!

Pauline. Nee, nee! (Nach dem Fenster hin.) Husch! Husch! Geh mal weg, Du! — Sag e mal, Franz! Was haste?

(Pause.)

Meister Oelze. Nee, das da — is je bloß — de Gardine.

Pauline (lehnt sich ungeduldig zurück.)

(Pause.)

Meister Oelze (gequält). Ach Pauline!

Pauline. Hm? Na, was haste denn! Sprich Dich aus, Franz!

Meister Oelze. Ja. — Ja. — Ich will Dir alles.... Ricke mich doch — e bißchen — heeher....

Pauline (ihm behilflich). Ja! — Komm! — So!

(Pause.)

Meister Oelze (mühsam). Ich...

(Pause.)

Pauline (beugt sich gegen ihn vor). Na? Sag's mir, Franz! — Erleichtre Dich!

(Pause.)

Meister Oelze. Ich.... (Zögert. Dann, langsam, leise) Emil... (Wendet sich unruhig, stöhnt tief und gequält auf, dann haftig) Hole mer Emiln her! —

Pauline (zurück, mit unterdrückter Wut). Der schleeft je awwer noch?

Meister Oelze (laut verzweifelt). Weck'n! Weck'n!! — Fix! — Geh!

Pauline (steht auf, stöhnt, ballt die Fäuste unter ihrer Schürze. Geht).

Meister Oelze (liegt im Fieber. Stöhnt u. s. w. Draußen auf der Gasse Räderknarren, Peitschenknallen, Rufe eines Fuhrknechtes. — Heller, bäuerlicher Gesang von Weiber- und Kinderstimmen, unterbrochen von hellem Kreischen:

Lied: „Des Morgens in der Frühe,
    Lalala, lalala!
Da weiden wir die Kühe,
    Lalala, lalala!
Wenn summend aus den Zellen
Die Bien' ins Freie fliegt,
Und auf den Aehrenwellen
Das Morgenrot sich wiegt!
    Lalala, lalala!
    Lalala, lala lala!"

Der Gesang nähert und entfernt sich).

Meister Oelze (während des Gesanges, im Fieber). Nee, Emil... Keener soll Dich verachten... Da! — Da is e je widder?! — Hähä! — (Rafft sich auf, packt das Taschentuch, das vor ihm liegt und wirft es vor sich hin, als ob er jemand treffen wollte.) Weg, Du alter Hundsfott!! — Du bist je tot?! — Hähä! — Du bist je Dreck?! — Du bist je blos enne Gardine?! (Sinkt zurück) Du... Du willst hier — spuken gehn?... Hähä! — Hähä! —

Pauline (kommt zurück). E kömmt gleich!

Meister Oelze (im Fieber). Wer — kömmt denn da?!

Pauline. Ich, Franz! — Emil kömmt gleich!

Meister Oelze. Emil! — Emil! — Ja, E — mil ... (Ruhiger). Was — is denn — da...

Pauline. Ach, das sin bloß de Rübenzieher vom Amte! Die fahrn naus ins Feld! — 'S wird Tag!

Meister Oelze. Kömmt e noch nich?

Pauline. E muß jeden Augenblick komm'! (Geht zur Thür und sieht, wartend, eine Weile hinaus.) Jetzt kömmt e!

Emil (tritt ein, mit Rese. Er ist nur mit Hose und Jaquett bekleidet. Zittert, fröstelt, weint).

Rese (weinerlich). Nicht wein', Emil! — Das regt'n Vater uf! — Mache Dich stramm, mei Sohn!

Meister Oelze. Emil!

Emil (befangen zu ihm ans Bett tretend). Guten Morgen, Vater!

Meister Oelze (lacht). Komm her, mei — Sohn...

Emil (tritt näher).

Meister Oelze. Hier — ganz, ganz — nahe... Gieb mir — Deine Hand ... So! — So, jo, jooo... (Liegt eine Weile still).

(Rese und Pauline halten sich im Hintergrunde. Rese spricht auf Pauline ein, die verdrossen und finster dasteht, ohne zu antworten).

Meister Oelze. Mache mir — hier oben — 'n Hemdknopp uf...

Emil (thuts).

Meister Oelze. D — Dei — ne — Hand... So, jo ... jooo ...

Nich — weg — gehn... (Halb in die Höhe) Thiere uf!! — Thiere uf!!

Emil (ängstlich). Se is je auf, Vater?

Meister Oelze (beruhigter, zurück). Auf... Ja... Hehe! — Emil... (Liegt eine Weile still, Emils Hand haltend.) Hawwʼ ich — Deine — Censur schon — unterschrieben?...

Emil. Nee, Vater.

Meister Oelze. Hole se — mal — her...

Emil (zögernd). Awwer das hat je noch Zeit, Vater?

Rese (tritt vor). Das kann ich am Ende ooch, Franz? — Das strengt Dich jetzt so an?

Meister Oelze. Hole de — Censur...

Emil (geht hinter zum Schrank, kramt dort, und kommt dann mit der Censur zurück.)

Meister Oelze. Lies...

Emil. Vorlesen?

Meister Oelze. Ja.

Emil (liest). Betragen: Gut.

Fleiß und Aufmerksamkeit: Gut.

Leistungen. Latein: Sehr gut.

Meister Oelze. Hähä... Weiter...

Emil. Griechisch: Gut.

Französisch: Gut.

Deutsch... (Stockt). Deutsch: Nicht ausreichend. — Das is... Das is aber bloß... Unser Lehrer im Deutschen hat...

Meister Oelze. Weiter...

Emil. Mathematik: Gut.

Geschichte und Geographie: Recht befriedigend.

Rel... Religion...

Meister Oelze. Na?

Emil. Ziemlich... Ziemlich befriedigend... (Hustet).

Meister Oelze. Hähä...

Emil. Physik: Gut.

Zeichnen: Befriedigend.

Singen: Befriedigend.

Turnen: Gut.

Besondre Bemerkungen: Oelze ist als Zweiter nach der Obertertia versetzt.

Meister Oelze. Scheene... Scheene... Hähä! — (Streichelt Emils Hand) ... 'Ne Fe — der...

Rese. Laß Emil! Ich will holn! (Holt Feder, Tinte und eine Unterlage.) So! — Hier! — Ich wer'e halten! (Hält die Unterlage.)

Emil (taucht ein und giebt Meister Oelze die Feder).

Meister Oelze. Hand fiehrn...

Emil (führt ihm die Hand).

Meister Oelze. Nimm weg ... Bleib — fleiß'g ... Wie lange — gehste denn noch — uf de — Schule...

Emil. Fünf Jahre.

Meister Oelze. Fünf Jahre ... (Liegt eine Weile still) 'S wird — dunkel ... Das is — weil's — Regen giebt ...

Rese (zu Pauline). Ach Gott, ach Gott! — Das is schon de Angst, Pauline!

Pauline (bleibt stumm).

Meister Oelze. Was — habt'r denn da — zu tuscheln ...

Rese. Nischt! — Nischt weiter, Franz!...

Meister Oelze. Wasser...

Rese (bringts, hebt ihn, daß er trinken kann).

Meister Oelze. Das Wasser is — schwarz...

Rose. I nee, Franz? — 'S is scheenes, klares Wasser?

Meister Oelze. Schwarz is es... Weg dermit... (Macht eine Schwenkung, als wollte er aufstehn.) So! — Na! — Nu kann ich je gehn?

Rose (näher tretend). Was willste, Franz? Gehn?

Meister Oelze. Jawohl! — Laß mich e mal! — Halte mich e mal nich uf! — Mein' Rock! — Meine Hose! — Ich muß fort! Ihr habt e Komplott gegen mich gemacht! — Jawohl! — Ihr wollt mich ooch vergiften! — Na?! — Na?! — Da habt'r je ooch widder den Alten?! — Hehe! — Ich — will — fort! —

Pauline (tritt zum Bette).

Meister Oelze. Was steht'r denn da alle so dichte um mich rum?! — Ihr wollt mich totmachen! — Ihr wollt mich vergiften! — Ihr habt mir de Brust eingedrickt! —

Emil (legt seinen Arm um ihn, weinend). Vater!

Meister Oelze (ruhiger). Hä?! — Emil... B — Bleib bei mir, mei' Sohn... Bis nur — stille... Ich sage doch nischt... Hähä! — Awwer morgen frieh thun mer'r Gift in Kaffee... Hehe!... Nu gucke nur? Da hamm se je den alten Spitzbub'n widder 'rein gelassen? (Schauernd). Gucke, wie e 's ganze Licht dunkel macht?! — (Ein wenig in die Höhe, nach dem Fenster zu.) Unsinn! — Ich phantasiere je! — Ich — will nicht phantasieren!! (Aengstlich.) Sonst sag ich's je, Emil? — Deine Hand! — So, so, sooo... (Weinerlich.) Nee, nee! Du mußt doch uf de Polizei gehn, Emil! Gucke doch, jetzt will e je sich mir uf de Brust setzen?!...

Emil (weint). Vaterchen! — Vaterchen!

Meister Oelze. Ja, mei Sohn! — Bis stille... stille...

Rese. Wring doch e mal e Umschlag aus, Pauline? — Ich will'n Troppen eingießen. (Beide zum Tische. Rese macht sich dabei, die Arznei in den Theelöffel zu gießen.) 'S könn' wohl ruh'g funfz'n sin...

Pauline (unwirsch). Gieb nur her! De kriegst je keen' Troppen aus der Flasche.

Rese (giebt ihr Flasche und Löffel). Ja. Meine Hände zittern so.

Pauline. Gieb! (Gießt die Arznei ein).

Rese (stützt sich einen Augenblick gegen den Tisch). Hach Gott! (Wringt den Umschlag in den Eisbehälter aus).

Pauline (geht mit der Arznei zum Bette).

Meister Oelze. Is — das da — Pau — line...

Emil. Ja, Vater. De Tante.

Meister Oelze. Was will denn die?! — Du was hat se denn da, Emil?!

Pauline (finster). 'S is de Arzenei!

Meister Oelze. Weg — mit — Dir...

Emil. Zeig, Tante! Ich will se 'm gebn!

Pauline (giebt ihm den Löffel).

Emil. Vater! Komm! Arznei! — Daß De widder gesund wirst!

7*

Meister Oelze. Ja, Emil...

Emil (giebt ihm die Arznei).

Pauline (trägt den Löffel zum Tisch zurück).

Rese. So! — Nu komm, Franz'! — Hier is noch e Umschlag!

Meister Oelze. Mir hilft kee Umschlag....

Rese (legt ihm mit Emils Hilfe den frischen Umschlag auf). I gar Franz! — So! — Nu wird Dir gleich besser wer'n!

Meister Oelze (sinkt erschöpft zurück).

(Pause.)

Rese (vom Bett weg, nach dem Tische hin). E wird matt! — 'S geht zu Ende! (Läßt sich am Tische nieder.) Ach, mir zittern de Beene unterm Leibe!

Emil (schleicht sich vom Bett weg, zu Rese hin). Mutter! Der Vater stirbt?

Rese. Ja, mei Sohn! (Weinerlich.) Nu haste bald keen' Vater mehr!

Emil (weint. Stellt sich an das Fußende des Bettes).

Pauline (finster). Stille doch! — Wenn e 's merkt!

Rese (tritt zum Fenster). Ach, mir is selber als ob 'ch erstickte!

Emil (vom Bett weg). Mich friert.

Rese. Knöpp Dir's Jaquett zu, daß De Dich nich erkältst, Emil! (Emil setzt sich an den Tisch).

Pauline (im Hintergrunde auf und ab).

Rese. Da hinten wird's helle in der Gasse! (Kommt zurück.) Du hast je Dein' Gliehwein nich getrunken, Pauline?

Pauline (kurz). Nee.

Rese. Na, nu is e kalt. (Am Bette.) Wie e daliegt! — Wie de Brust geht! — E hat so e schwer'n Tod! — Ich weeß, wie de Hilsen starb. Die starb so sanfte. Die is richt'g eingeschlafen. Nachmittag mußte se ihr Mann aus'm Bette uf's Sofa tragen un da frug se, wie späte 's wär'. Um Zweee, sagt ihr Mann. „I du lieber Gott, un schon so dunkel", sagte se noch so un nach e paar Minuten war se eingeschlafen! — Wie e zuckt?! — Der ganze Körper!

(Pause.)

E streckt sich so?!

Emil. Mutter! Derf ich mal Wein trinken?

Rese. Ja, trink! Das wärmt!

Emil (trinkt, stützt dann den Kopf).

Rese. Hach Gott! (Gähnt. Geht dann wieder zum Fenster.) Den Wein draußen muß Patschke ooch mal beschneiden. Der dunkelt so. — Ob mer Patschken noch e mal zum Dokter schicken?

Pauline (kurz). Was soll denn der noch machen!

Rese. Ja, 's is wahr. — 'S hat wohl keen' Zweck mehr. — Hach ja! — Emil schläft ein! — Hach, meine Oogen brenn' wie Feier!

(Pause.)

Meister Oelze. Heeher...

Rese (schnell zum Bette). Ja, Franz! — Komm! — So! (Nimmt ihm den Oberkörper hoch.)

Meister Oelze (krampst mit den Fingern vor sich hin in die Decke, bewegt den Kopf hin und her). Ich — will nich — sterbn... (Matt) Laß — mich — raus...

Rese (leise, erregt). Pauline!
Pauline (tritt zum Bett).
Rese. Da!
Pauline (nicht).
Meister Oelze. Die — da — fort... — Ihr — schwimmt — weg...
(Pause.)
E — mil...
Rese (ihn fortwährend emporhaltend.) Pauline! Weck 'n doch mal!
Pauline (zu Emil tretend). Emil!
Emil (im Schlaf). Ja!
Pauline (ihn am Arm rüttelnd). Wach auf!
Emil (erwacht). Au! — Du — kneifst mich je?!!
Pauline. Du sollst zum Vater komm'!
Emil (sieht sie einen Augenblick, den Arm reibend, schlaftrunken an, geht dann zum Bett).
Meister Oelze. E — mil...
Rese (das Weinen unterdrückend). Hier, Franz, is Emil!
Meister Oelze (wendet den Kopf zu ihm hin, seine Hand tastet nach ihm).
Rese. E will Deine Hand, Emil.
Emil (nimmt leise weinend seine Hand).
Meister Oelze. So... Soo... Paf — ter... (Haucht aus).
Pauline (steht beim Bette, beobachtend vorgebeugt).
Rese (erhebt sich, läßt den Toten langsam zurücksinken). 'S is aus! Der liebe Gott hat 'n erleest! (Beugt sich einen Augenblick über ihn).

Emil (steht eine Weile in stummem Staunen vor dem Bette, geht dann bei Seite und bricht in Schluchzen aus).

Pauline (ist langsam zum Tisch gegangen, hat sich niedergelassen und sieht, den Kopf aufgestützt, vor sich hin).

Rese (sich aufrichtend). 'S geht Dir ooch nahe, meine gute Pauline!

Pauline. Ja! (Lacht bitter).

Rese (tritt zum Fenster). Da kömmt de Sonne! (Schluchzt auf.)

Pauline (legt die Arme lang vor sich über den Tisch und das Gesicht drauf).

E n d e.

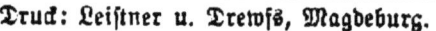

Von demselben Verfasser erschienen im Verlage S. Fischer, Verlag, Berlin,

In Dingsda.
Novellen.

Ferner im Verlage von Wilhelm Ißleib (Gustav Schuhr), Berlin

gemeinsam mit Arno Holz

Die Familie Selicke.
Drama in 3 Aufzügen.

Ferner im Verlag von F. Fontane & Co., Berlin

gemeinsam mit Arno Holz

Neue Gleise.
Gemeinsames von Arno Holz und Johannes Schlaf

und

Der geschundne Pegasus.
Eine Mirlitoniade in Versen von Arno Holz und 100 Zeichnungen von Johannes Schlaf.